AF551679

Lachs Kochbuch

Die leckersten Lachs Rezepte
für jeden Geschmack und jeden Anlass

Lars Koppelkamp

Alle Ratschläge in diesem Buch wurden vom Autor und vom Verlag sorgfältig erwogen und geprüft. Eine Garantie kann dennoch nicht übernommen werden. Eine Haftung des Autors beziehungsweise des Verlags für jegliche Personen-, Sach- und Vermögensschäden ist daher ausgeschlossen.

Email: info@edition-lunerion.de
www.edition-lunerion.de

Psiana eCom UG
Berumer Str. 44
26844 Jemgum

Vorwort

Geräuchert zum Schlemmer-Brunch, als feine Häppchen, in frischen Salaten oder fein gebraten – der „König der Fische“ glänzt in allen Ernährungslagen mit raffiniertem Geschmack und nahezu unbegrenzter Verwendbarkeit. Sein rosa Fleisch lässt Lachs-Fans schon beim bloßen Anblick das Wasser im Munde zusammenlaufen und es gibt kaum ein Buffet, das durch den feinen Fisch nicht aufgewertet würde. Trotzdem wird der schuppige Superstar noch immer unterschätzt, denn meistens landet er doch in immer wieder der gleichen Variante auf dem Teller – doch damit ist jetzt Schluss! Denn der „König der Fische“ wird nicht umsonst so genannt, sondern ist tatsächlich weltweit einer der beliebtesten Speisefische und begeistert fast jeden Fischliebhaber. Einfach in der Zubereitung, leicht verfügbar und dank gesunder Fettsäuren auch noch richtig gesund ist er mit gutem Recht ein Star der deutschen Küche und sollte ruhig noch öfter auf dem Teller landen. Wie das abwechslungsreich geht, zeigt Ihnen nun die verführerische Rezeptvielfalt in diesem Buch. Von feinem Fingerfood über knackige Salate und raffinierte Hauptgerichte bis hin zu Erlesenem und Besonderem finden Sie hier köstliche Ideen für jeden Geschmack!

Guten Appetit!

INHALT

Der König der Fische

Der Lachs gehört zur Familie der Lachsfische (Salmonidae), auch Forellenfische oder Edelfische genannt, und wird gern als König der Fische bezeichnet. Er ist der beliebteste Speisefisch neben Forellen, Äschen oder Renken in Deutschland und weltweit. Er besitzt einen langgestreckten Körper und eine Wirbelsäule aus 50 bis 75 Wirbeln. Er kann 12 cm bis 150 cm lang werden und bis zu 30 kg auf die Waage bringen.

Das Leben der Lachse

Sowohl der atlantische Lachs als auch der pazifische werden im Süßwasser geboren, wandern dann ins offene Meer hinaus, von wo sie als Erwachsene regelmäßig und ihrem Instinkt folgend ins Süßwasser zurückkommen, um ihre Eier dort im Oberlauf von Flüssen abzulegen. Sie passen sich dabei sowohl den Salz- als auch den Süßgewässern an. Es gibt neun unterschiedliche Lachsarten, die alle für sich besonders sind:

- Atlantischer Lachs
- Buckellachs
- Huchen
- Hundslachs
- Königslachs
- Masulachs
- Rotlachs
- Silberlachs
- Weißlachs

Es kommen Lachse aus Aquakulturen sowie Wildlachse zum Einsatz, der Alaska-Seelachs gehört hingegen zu den Dorschen. Durch ihre Wanderungen stellen sie eine verlässliche Nahrungsgrundlage für verschiedene Tierarten dar und auch die Wälder in Alaska sind auf den Lachs angewiesen, da ca. 80 % ihrer Stickstoffversorgung von den nach dem Ablaichen dort sterbenden Lachsen stammt.

In der Küche

Der Lachs wird als Speisefisch hoch geschätzt, da sein orange-rosa bis dunkelrotes Fleisch viele Omega-3-Fettsäuren beinhaltet. Insgesamt enthalten 100 g Lachs ca. 22,1 g Eiweiß und 12,4 g Fett, wobei die ungesättigten Fettsäuren von über 70 % dabei überwiegen. Sein Nährwert liegt bei ca. 206 kcal. Daneben enthält das Lachsfleisch neben vielen anderen Vitaminen auch Vitamin B12 und Vitamin D in großen Mengen. Er wird auf verschiedene Weisen zubereitet:

- **Gekocht**

Frischer Lachs wird über einen längeren Zeitraum Hitze über einer Feuerstelle ausgesetzt und unter Zugabe von Flüssigkeit gegart

- **Gebraten**

Frischer Lachs wird in eine Pfanne mit Gewürzen und Öl gelegt, bis er gebräunt ist, und anschließend gegart

- **Gebeizt**

Filetierter Lachs wird am Stück mit Zucker, Salz, Gewürzen und Kräutern bestreut, abgedeckt, beschwert und im Kühlschrank gelagert, bis das Salz dem Fisch das Wasser entzogen hat. Der Fisch wird aromatisch, zart und haltbar.

- **Geräuchert**

Gesalzener Fisch wird über einen längeren Zeitraum dem Rauch von Holzfeuern ausgesetzt

- **roh**

Der Lachs besitzt einen ausgeprägten Geschmack, wobei der von Wildlachsen weit intensiver ist als der von Zuchtlachsen. Er ist zu jeder Jahreszeit ein Genuss und unterstützt eine gesunde Ernährung mit den in ihm enthaltenen Vitaminen. Während er in den asiatischen Ländern größtenteils roh zubereitet wird, wird er in den westlichen Staaten gern gekocht oder gebraten und in Skandinavien gebeizt zubereitet.

Der Lachs ist ein typischer Winterfisch. Da er aber ebenfalls eingefroren werden kann, ist der Verzehr von Lachs auch im Sommer möglich und bietet die Möglichkeit auf viele schmackhafte Speisen.

Lachs vs. Seelachs

Die Nachfrage heutzutage übersteigt das Angebot bei weitem. Sie kann nur durch Zuchtlachse aus verschiedenen Aquakulturen gedeckt werden, da in den offenen Gewässern Fangquoten existieren. Zuchtfarmen jedoch sind aus verschiedenen Gründen problematisch. Daher ist es empfehlenswert, beim Kauf von Lachs auf nachhaltig gefangene Fische oder auf Zuchtlachse mit Bio-Siegel zu achten und diese zu kaufen.

Beim Einkauf zu beachten

Sie können frischen Lachs gut erkennen, wenn Sie auf Folgendes achten:

- Frischer Seegeruch
- Augen sind klar und glänzen leicht
- Fischkiemen sind noch feucht und sind hell- bis braunrot
- Fischfleisch ist fest
- Schuppen sitzen fest

Was ist Pescetarismus?

Wer zwar auf Fleisch und Geflügel verzichten möchte, aber nicht auf Fisch oder Meerestiere, wird Pescetarier genannt, ein Fisch-Vegetarier. Der Begriff leitet sich dabei passenderweise vom ital. „Pesce" oder vom lat. „Piscis" ab und bedeutet übersetzt „Fisch". Inzwischen werden fast 10 % der Weltbevölkerung zu den Pescetariern gezählt. Zur klassischen Ernährung zählen Vollkornprodukte, Gemüse, Obst, Hülsenfrüchte, zudem Milchprodukte, Eier und eben auch Fisch und Meerestiere.

Fisch versorgt den Menschen mit reichlichen Omega-3-Fettsäuren, die positiv auf Herz und Kreislauf wirken, während kritische Nährstoffe wie Eiweiß oder Vitamin B12 entfallen. Der Verzicht auf Fleisch wirkt somit positiv auf den menschlichen Organismus und ist gut für die Umwelt und das Tierwohl. Wichtig hier ist der Blick auf die Verwertung frischen Fischs statt auf Fertigprodukte. Es wird empfohlen, ein- bis zweimal die Woche Fisch in den Ernährungsplan einzufügen, wovon mind. 70 g fettreicher Seefisch sein sollte.

Vorspeisen & Fingerfood

LACHS IM BLÄTTERTEIG

2 Port.

50 Min.

Leicht

Zutaten

200 g Lachsfilet
1 Blätterteig-Rolle
150 g Spinat
1 Knoblauchzehe
100 g Kräuterfrischkäse
1 Schalotte
25 g Parmesan
50 ml Wasser
1 EL Butter
1 Ei
Salz
Pfeffer

Nährwerte p. P.

539 kcal
23 g Kohlenhydrate
31 g Fett
40 g Eiweiß

1 Hacken Sie die Knoblauchzehe und die Schalotte fein.

2 Erhitzen Sie die Butter in der Pfanne und dünsten Sie das kleingehackte Gemüse glasig.

3 Geben Sie das Wasser hinzu und rühren Sie anschließend den Spinat, den Frischkäse und den Parmesan ein. Schmecken Sie die cremige Masse mit Salz und Pfeffer ab.

4 Breiten Sie den Blätterteig aus und halbieren Sie ihn.

5 Würzen Sie den Lachs mit etwas Salz und legen Sie ihn mittig auf den Blätterteig. Bedecken Sie den Lachs mit der Spinatmasse.

6 Verquirlen Sie das Ei und bestreichen Sie damit den Blätterteig. Legen Sie den Blätterteig über dem Lachs zusammen und drücken Sie ihn etwas an. Bestreichen Sie den Blätterteig mit dem restlichen Ei und ritzen Sie ihn an der Oberseite etwas ein.

7 Backen Sie den Lachs bei 180 Grad Ober-/Unterhitze ca. 25 Minuten.

LACHSBÄLLCHEN

2 Port. 35 Min. Mittel

Zutaten

200 g Lachsfilet
50 g Semmelbrösel
125 g saure Sahne
1 Ei
1 Scheibe Toastbrot
1 Zwiebel
2 EL Olivenöl
Dill
Schnittlauch
Salz
Pfeffer

Nährwerte p. P.

573 kcal
29 g Kohlenhydrate
37 g Fett
31 g Eiweiß

1 Schneiden Sie die Zwiebel in feine Würfel.

2 Geben Sie diese mit etwas Öl in eine Pfanne und dünsten Sie sie. Stellen Sie die Zwiebelwürfel beiseite.

3 Schneiden Sie den Lachs in kleine Würfel. Schneiden Sie das Toastbrot ebenfalls in kleine Würfel. Hacken Sie die Kräuter fein.

4 Geben Sie die Lachs- und Brotwürfel, die Zwiebelwürfel und die Kräuter in eine große Schüssel.

5 Fügen Sie das Ei, die saure Sahne, die Semmelbrösel und Salz und Pfeffer hinzu und vermengen Sie alles gut miteinander.

6 Formen Sie aus der Masse Frikadellen.

7 Erhitzen Sie etwas Olivenöl in einer Pfanne und braten Sie die Lachsfrikadellen darin ca. 4-5 Minuten beidseitig gut an, bis diese knusprig sind.

LACHS-SPIESSE

2 Port.

45 Min.

Leicht

Zutaten

300 g Lachsfilet
½ Zitrone
½ Zucchini
4 Lorbeerblätter
2 EL Olivenöl
Pfeffer
Salz

Nährwerte p. P.

459 kcal
3 g Kohlenhydrate
34 g Fett
35 g Eiweiß

1 Schneiden Sie den Lachs in Würfel.

2 Entfernen Sie die Enden der Zucchini und schneiden Sie diese in Scheiben. Halbieren Sie anschließend die Scheiben.

3 Schieben Sie alles abwechselnd mit den Lorbeerblättern auf Spieße.

4 Verrühren Sie etwas Olivenöl mit Salz und Pfeffer und bepinseln Sie die Spieße mit der Mischung.

5 Erhitzen Sie das restliche Olivenöl in einer Pfanne und braten Sie die Spieße rundum ca. 15 Minuten lang an.

6 Schneiden Sie die Zitrone in Spalten.

7 Richten Sie die Spieße an und garnieren Sie diese mit den Zitronenspalten.

LACHSROLLEN

2 Port.

1 Std.
15 Min.

Schwer

Zutaten

100 g Lachsfilet
100 ml Schlagsahne
2 Blätter Frühlingsrollenteig, 24 x 24 cm
130 g weißer Spargel
1 EL Limettensaft
½ Schalotte
¼ grüne Chilischote
½ Kaffir-Limettenblatt
1 Eiweiß
½ EL Fischsoße
½ EL Sojasoße
½ Bund Koriandergrün
½ Paket Zwiebelsprossen
1 EL Olivenöl
Zucker
Salz
Cayennepfeffer
Öl zum Frittieren

Nährwerte p. P.

700 kcal
22 g Kohlenhydrate
51 g Fett
37 g Eiweiß

1 Schälen Sie den Spargel und schneiden Sie die Enden ab. Kochen Sie die Abschnitte und die Schale mit 1 l Wasser, Zucker und Salz auf. Stellen Sie das Ganze dann beiseite und lassen Sie es ziehen. Heben Sie die Schale und Abschnitte mit einer Schaumkelle heraus. Geben Sie die Spargelstangen in das Wasser und kochen Sie sie darin ca. 5 Minuten. Nehmen Sie sie dann heraus, schrecken Sie sie ab und schneiden Sie sie in Stücke. Stellen Sie sie kalt.

2 Zerschneiden Sie die Spargelenden und die Schalen. Schneiden Sie die Schalotte in feine Würfel. Erhitzen Sie etwas Öl in einem großen Topf, geben Sie die Schalottenwürfel und die Spargelreste hinein und dünsten Sie das Gemüse glasig. Füllen Sie 200 ml Spargelwasser und Sahne ein und geben Sie die Chilischote und das Kaffir-Limettenblatt hinzu. Garen Sie alles ca. 15 Minuten. Stellen Sie den Spargelsud beiseite.

3 Schneiden Sie den Lachs in Stücke. Frieren Sie davon die Hälfte ca. 15 Minuten ein. Pürieren Sie dann den angefrorenen Lachs mit Sahne und Cayennepfeffer zu einer feinen Masse. Würzen Sie mit Limettensaft und Salz. Mischen Sie die Spargelstücke mit den restlichen Lachswürfeln mit der Lachsfarce und stellen Sie alles 15 Minuten kalt.

4 Teilen Sie die Farce in 2 Portionen. Verteilen Sie einen Teil auf der unteren Seite eines Teigblattes und lassen Sie dabei ca. 3 cm zum Rand frei. Bestreichen Sie die Ränder mit dem Eiweiß und schlagen Sie dann die beiden Längsseiten über der Füllung zusammen. Bestreichen Sie den Rand mit dem Eiweiß. Rollen Sie den Teig und die Füllung fest zu Frühlingsrollen ein. Gehen Sie so auch mit dem anderen Teil der Lachsfarce um.

5 Erwärmen Sie den Spargelsud, entfernen Sie die Chilischote und das Kaffir-Limettenblatt. Hacken Sie den Koriander fein. Geben Sie ihn zum Spargelsud und pürieren Sie alles. Geben Sie den restlichen Limettensaft, die Fisch- und Sojasoße hinzu.

6 Erhitzen Sie Öl in einem hohen Topf. Frittieren Sie darin die Frühlingsrollen unter Wenden für 5 Minuten, bis diese goldbraun sind.

7 Lassen Sie diese abtropfen und servieren Sie sie mit Koriandersud und Zwiebelsprossen.

SCHARFE LACHSSUPPE

2 Port. 35 Min. Leicht

Zutaten

150 Kartoffeln
50 g Räucherlachs
½ Zwiebel
2 EL geriebener Meerrettich
120 g Knollensellerie
¼ Bund Schnittlauch
100 g Schlagsahne
1 EL Butter
Pfeffer
Salz

Nährwerte p. P.

382 kcal
27 g Kohlenhydrate
17 g Fett
25 g Eiweiß

1 Schälen Sie den Knollensellerie und die Kartoffeln und schneiden Sie diese grob in Würfel.

2 Schneiden Sie die Zwiebel in Würfel.

3 Geben Sie die zerlassene Butter in einen Topf und dünsten Sie das Gemüse darin an. Würzen Sie mit Salz und Pfeffer.

4 Geben Sie 300 ml Wasser und die Sahne hinzu und lassen Sie alles aufkochen. Lassen Sie alles anschließend weitere 25 Minuten bei geringer Hitze köcheln.

5 Schneiden Sie den Lachs in feine Würfel und würzen Sie diese mit Pfeffer, Salz und etwas Zitronensaft.

6 Pürieren Sie die Suppe fein und schmecken Sie mit Salz, Pfeffer und Meerrettich ab.

7 Geben Sie die Lachswürfel in die Suppe und erwärmen Sie diese etwas.

8 Richten Sie die Suppe an und geben Sie etwas Schnittlauch darüber.

LACHS MIT SÜẞKARTOFFELPUFFER

2 Port.

35 Min.

Leicht

Zutaten

200 g Lachsfilet
1 Orange
1 Ei
2 Süßkartoffeln
2 Frühlingszwiebeln
2 Thymianstängel
3 EL Butter
2 EL Zitronensaft
2 TL Honig
2 EL Pinienkerne
125 g Crème fraîche
Salz
Pfeffer

Nährwerte p. P.

660 kcal
25 g Kohlenhydrate
48 g Fett
29 g Eiweiß

1 Schälen Sie die Süßkartoffeln, raspeln Sie sie grob und drücken Sie sie in einem Geschirrtuch aus.

2 Schneiden Sie die Thymianblätter klein und geben Sie diese mit dem Ei zusammen zu den Süßkartoffeln. Würzen Sie mit Salz und Pfeffer nach.

3 Reiben Sie die Schale der Orange ab, schälen Sie anschließend die Orange und schneiden Sie sie in feine Stücke. Verrühren Sie anschließend Orangenabrieb und -stücke mit Honig, Crème fraîche und etwas Salz zu einer feinen Creme.

4 Geben Sie die Pinienkerne in eine Pfanne ohne Fett und rösten Sie diese bei mittlerer Temperatur goldbraun. Schneiden Sie das obere Drittel Grün der Frühlingszwiebeln ab und schneiden Sie die Frühlingszwiebeln in feine Ringe.

5 Erhitzen Sie die Hälfte der Butter in einer Pfanne. Formen Sie aus der Süßkartoffelmasse Röstis und braten Sie diese in der heißen Butter von beiden Seiten ca. 5 Minuten an.

6 Erhitzen Sie in einer anderen Pfanne den Rest der Butter und braten Sie darin die Lachsfilets an. Geben Sie die Zwiebelringe und die Pinienkerne hinzu. Träufeln Sie etwas Zitronensaft und Honig über den Lachs und würzen Sie bei Bedarf mit Salz und Pfeffer nach.

7 Richten Sie die Röstis mit dem Lachs und der Creme an.

LACHS-PRALINEN

2 Port.

15 Min.

Mittel

Zutaten

1 große Scheibe Graved Lachs
6 g Sahnemeerrettich
15 g Frischkäse
8 g flüssiger Honig
8 g Senf
½ TL Zitronensaft
1 Stiel Dill
Salz
Pfeffer

Nährwerte p. P.

91 kcal
4 g Kohlenhydrate
5 g Fett
7 g Eiweiß

1 Verrühren Sie den Sahnemeerrettich mit dem Frischkäse und würzen Sie die Mischung mit Salz, Zitronensaft und Pfeffer. Füllen Sie die Masse in einen Spritzbeutel.

2 Halbieren Sie den Lachs und verteilen Sie die Creme darauf.

3 Klappen Sie die Lachsscheiben zusammen und formen Sie den Lachs zu Pralinen.

4 Hacken Sie den Dill fein und verrühren Sie ihn dann mit Senf und Honig zu einer fruchtig scharfen Soße.

5 Richten Sie die Pralinen mit etwas Dill an und servieren Sie die Soße dazu.

GRÜNER LACHS

 2 Port.
 40 Min.
 Mittel

Zutaten

250 g Lachfilet
50 g Crème fraîche
10 g geriebener Parmesan
1/3 Bund Basilikum
1/3 Bund Dill
1/3 Bund Petersilie
1/3 Bund Schnittlauch
1/3 Bund Kerbel
1 EL Zitronensaft
½ EL Olivenöl
½ EL Arganöl
½ EL Butter
½ EL Semmelbrösel
Zucker
Pfeffer
Salz

Nährwerte p. P.

412 kcal
18 g Kohlenhydrate
31 g Fett
36 g Eiweiß

1 Geben Sie etwas Salz in 1 l kaltes Wasser und lösen Sie es darin auf.

2 Geben Sie den Lachs in eine Schale und bedecken Sie ihn mit dem Salzwasser für 20 Minuten.

3 Hacken Sie die Kräuter fein.

4 Geben Sie die Hälfte der Kräuter, die Semmelbrösel und den Parmesan zur Crème fraîche und verrühren Sie alles miteinander. Würzen Sie mit Salz und Pfeffer nach.

5 Nehmen Sie den Lachs aus dem Wasser und legen Sie ihn mit der Hautseite nach unten in eine eingebutterte Form. Bestreichen Sie ihn mit der Crème fraîche und garen Sie ihn bei 180 Grad Ober-/Unterhitze oder 160 Grad Umluft ca. 15 Minuten.

6 Verrühren Sie das Arganöl mit Olivenöl, Zitronensaft, Zucker, Salz und Pfeffer zu einer Vinaigrette.

7 Richten Sie den Lachs auf Tellern an. Geben Sie die Vinaigrette über die restlichen Kräuter und servieren Sie diese zum Lachs.

LACHSHÄPPCHEN

2 Port. 30 Min. Leicht

Zutaten

2 Weizen-Wraps
15 Scheiben Räucherlachs
½ Rucola
30 g Miree Französische Kräuter
2 Stiele Dill
Pfeffer

Nährwerte p. P.

212 kcal
36 g Kohlenhydrate
4 g Fett
8 g Eiweiß

1 Legen Sie die Wraps bereit.

2 Hacken Sie den Dill und den Rucola fein. Verrühren Sie anschließend Dill, Rucola und Miree miteinander und schmecken Sie die Creme mit Pfeffer ab.

3 Bestreichen Sie die Wraps mit der Kräutercreme. Lassen Sie dabei jeweils ein kleines Stück am Rand frei.

4 Verteilen Sie etwas Rucola auf der Creme und legen Sie anschließend den Lachs darauf.

5 Rollen Sie die Wraps auf zu einer festen Rolle.

6 Schneiden Sie die Wraps in Scheiben.

LACHSWRAPS

2 Port. 35 Min. Leicht

Zutaten

200 g Lachsfilet
¼ Salatgurke
1 TL Rapsöl
1 Avocado
½ Paprika
¼ Limette
½ TL Taco-Gewürz
2 Wraps
½ Chilischote
Salz
Pfeffer

Nährwerte p. P.

659 kcal
50 g Kohlenhydrate
35 g Fett
32 g Eiweiß

1 Heizen Sie den Grill vor.

2 Schneiden Sie den Lachs in Stücke. Falten Sie hitzebeständige Alufolie oder Grillfolie zweimal und bestreichen Sie diese mit Rapsöl. Würzen Sie den Lachs mit Salz und Pfeffer und legen Sie ihn auf die Folie. Legen Sie den Lachs für ca. 1 Minute auf den Grill, wenden Sie ihn und lassen Sie ihn dann auf einer nicht so heißen Stelle für einen weiteren Moment liegen.

3 Halbieren Sie die Avocado und löffeln Sie das Fruchtfleisch heraus. Pressen Sie den Saft aus der Limette und fangen Sie ihn auf. Schneiden Sie die Chilischote auf, entfernen Sie die Samen und hacken Sie sie fein.

4 Zerdrücken Sie das Avocadofleisch zu Mus und verrühren Sie dieses mit der gehackten Chilischote, dem Limettensaft, dem Taco-Gewürz und etwas Salz zu einer cremigen Guacamole.

5 Schneiden Sie die Paprika und die Gurke in lange dünne Streifen. Geben Sie die Guacamole auf die Wraps und belegen Sie diese dann mit den Paprika- und Gurkenstreifen sowie dem Lachs.

Rollen Sie die Wraps zusammen.

BLÄTTERTEIG-LACHS-SCHNECKE

2 Port.

40 Min.

Leicht

Zutaten

½ Packung Blätterteig
100 g Räucherlachs
50 g Frischkäse
1 Ei
Dill

Nährwerte p. P.

247 kcal
8 g Kohlenhydrate
17 g Fett
15 g Eiweiß

1 Legen Sie den Blätterteig aus und bestreichen Sie ihn mit dem Frischkäse.

2 Belegen Sie ihn gleichmäßig mit dem Lachs und bestreuen Sie ihn mit Dill.

3 Rollen Sie den Blätterteig zu einer Schnecke und schneiden Sie ihn in gleichmäßig dicke Scheiben.

4 Legen Sie die Rollen nebeneinander auf einem mit Backpapier ausgelegten Backpapier.

5 Verquirlen Sie das Ei und bestreichen Sie damit die Blätterteigrollen.

6 Backen Sie die Blätterteigrollen bei ca. 200 Grad Umluft etwa 25 Minuten.

LACHSAUFSTRICH-SANDWICHES

2 Port.

1 Std.

Mittel

Zutaten

250 g Lachsfilet
160 ml Fischfond
25 g Crème fraîche
10 ml Olivenöl
20 g flüssige Butter
50 g Salatgurke
1 Eigelb
4 Scheiben Sandwichtoast
3 EL Limettensaft
Pfeffer
Salz
Zucker

Nährwerte p. P.

574 kcal
24 g Kohlenhydrate
38 g Fett
35 g Eiweiß

1 Schneiden Sie den Lachs in Würfel und würzen Sie ihn mit Salz und Pfeffer.

2 Kochen Sie den Fischfond in einem Topf auf und nehmen Sie ihn dann vom Herd. Geben Sie die Lachswürfel hinein und lassen Sie sie 5 Minuten darin ziehen. Lassen Sie den Lachs auf Küchenpapier abtrocknen.

3 Schälen Sie die Gurke und schneiden Sie sie in dünne Scheiben. Salzen Sie die Gurkenscheiben.

4 Verrühren Sie das Eigelb, das Olivenöl, die Butter, den Limettensaft, Salz und Pfeffer sowie die Crème fraîche miteinander.

5 Zerlegen Sie die Lachwürfel in einzelne Schollen und heben Sie diese unter die Soße. Würzen Sie sie mit Pfeffer, Salz und etwas Zucker.

6 Schneiden Sie von den Brotscheiben die Rinde ab. Verteilen Sie die Lachscreme auf den Brotscheiben, belegen Sie sie mit den Gurkenscheiben und drücken Sie sie dann zusammen. Halbieren Sie sie diagonal.

LACHSROLLEN MIT KARTOFFELPÜREE

2 Port.

1 Std. 10 Min.

Mittel

Zutaten

2 große Scheiben Räucherlachs
25 g Porree
75 g Kartoffeln
25 g gegarte Garnelen
35 ml Schlagsahne
1 Stiel Dill
2 Blätter Gelatine
½ EL Anislikör
Salz
Pfeffer

Nährwerte p. P.

93 kcal
8 g Kohlenhydrate
4 g Fett
6 g Eiweiß

1 Geben Sie die Kartoffeln mit Schale in Salzwasser und kochen Sie sie ca. 20 Minuten gar. Geben Sie sie durch ein Sieb und pellen Sie sie. Pressen Sie die Kartoffeln dann durch eine Presse.

2 Schneiden Sie den Porree in kleine Würfel. Geben Sie ihn dann in kochendes Salzwasser und blanchieren Sie ihn kurz. Geben Sie ihn durch ein Sieb und lassen Sie ihn gut abtropfen.

3 Hacken Sie die Garnelen fein. Schlagen Sie die Schlagsahne mit etwas Salz steif. Weichen Sie die Gelatineblätter in kaltem Wasser ein. Würzen Sie die Kartoffelmasse mit Salz und Pfeffer und rühren Sie dann Garnelen, Porree und Dill unter.

4 Erhitzen Sie den Likör in einem Topf und lösen Sie darin die Gelatine auf. Rühren Sie diese schnell unter die Kartoffelmasse und stellen Sie diese dann ca. 10 Minuten kalt. Heben Sie anschließend die Sahne unter.

5 Legen Sie eine Kastenform mit Frischhaltefolie aus, sodass sie über den Rand hängt.

6 Legen Sie die Lachsscheiben in der Form aus, sodass auch diese etwas aus der Form ragen. Geben Sie dann die Kartoffelmasse hinein und klappen Sie die Lachsscheiben darüber zusammen. Bedecken Sie alles mit der Folie und stellen Sie die Mousse über Nacht kalt.

7 Stürzen Sie die Mousse, ziehen Sie die Folie ab und schneiden Sie sie vor dem Servieren in Scheiben.

LACHS-SPINAT-ROLLE

2 Port. | 6 Std. 40 Min. | Leicht

Zutaten

2 Eier
80 g Räucherlachs
15 g geriebener Käse
65 g Kräuterfrischkäse
40 g Spinat
1 EL Zitronensaft
Parmesan
Salz
Pfeffer

Nährwerte p. P.

205 kcal
4 g Kohlenhydrate
12 g Fett
20 g Eiweiß

1 Schlagen Sie die Eier schaumig und geben Sie Spinat, Käse, Salz und Pfeffer hinzu.

2 Legen Sie Backpapier auf ein Backblech und bestreuen Sie dieses mit Parmesan.

3 Verteilen Sie die Eiermasse darauf und backen Sie diese bei 200 Grad Ober-/Unterhitze ca. 10 Minuten. Lassen Sie diese dann kalt werden.

4 Wenden Sie den Teig und bestreichen Sie diesen mit dem Kräuterfrischkäse.

5 Verteilen Sie den Lachs auf dem Frischkäse und beträufeln Sie ihn mit dem Zitronensaft.

6 Rollen Sie den Teig fest auf und umwickeln Sie die Rolle mit Frischhaltefolie. Legen Sie die Rolle ca. 6 Stunden kalt.

7 Wickeln Sie die Rolle aus und schneiden Sie sie in dicke Scheiben.

RÄUCHERLACHS-DIP

2 Port.

5 Min.

Leicht

Zutaten

½ Packung Räucherlachs
½ Packung Frischkäse

Nährwerte p. P.

257 kcal
2 g Kohlenhydrate
19 g Fett
19 g Eiweiß

1 Geben Sie den Räucherlachs und den Frischkäse in eine Schüssel und pürieren Sie beides miteinander.

LACHS-RICOTTA-DIP

2 Port.

15 Min.

Leicht

Zutaten

200 g Räucherlachs
500 g Ricotta
2 Zitronen
4 Stängel Thymian
4 TL Paprikapulver
4 Lauchzwiebeln
2 Knoblauchzehen

Nährwerte p. P.

656 kcal
24 g Kohlenhydrate
43 g Fett
42 g Eiweiß

1 Hacken Sie die Knoblauchzehen fein. Schneiden Sie den Lachs in feine Streifen. Schneiden Sie die Lauchzwiebeln in feine Ringe.

2 Zupfen Sie den Thymian von den Stängeln. Reiben Sie die Schale von den Zitronen.

3 Vermischen Sie alles gut mit Paprikapulver und Ricotta.

Salate

ASIATISCHER LACHSSALAT

2 Port. 30 Min. Leicht

Zutaten

2 Stück Lachsfilet
2 Möhren
1 Stange Lauch
1 Glas eingelegter Sellerie, in Streifen
20 g Ingwer
1 Knoblauchzehe
100 g Shiitake-Pilze
1 rote Chilischote
1 EL Sesamöl
1 EL Olivenöl
6 Stiele Koriandergrün
2 Spritzer Limettensaft
Meersalz

Nährwerte p. P.

368 kcal
14 g Kohlenhydrate
21 g Fett
27 g Eiweiß

1 Drücken Sie die Knoblauchzehe an. Ritzen Sie die Chilischote leicht ein. Schneiden Sie den Ingwer in Scheiben. Schälen Sie die Möhren. Schneiden Sie den Lauch, die Pilze und die Möhren in Streifen.

2 Geben Sie die Selleriestreifen durch ein Sieb und fangen Sie dabei den Sud auf.

3 Erhitzen Sie das Olivenöl in einem Topf. Geben Sie das Gemüse bis auf die Selleriestreifen hinein und dünsten Sie alles bei mittlerer Hitze ca. 5 Minuten. Geben Sie dann den Selleriesud hinzu und lassen Sie alles aufkochen.

4 Salzen Sie den Lachs und legen Sie ihn auf das Gemüse. Garen Sie alles zusammen weitere 7 Minuten bei mittlerer Hitze.

5 Nehmen Sie den Lachs heraus.

6 Mischen Sie die Selleriestreifen unter das Gemüse und erwärmen Sie sie kurz. Würzen Sie das Gemüse dann mit Limettensaft, Sesamöl und Salz.

7 Zupfen Sie den Lachs etwas auseinander, richten Sie ihn mit dem Gemüse und dem Selleriesud an und bestreuen Sie alles mit ein paar Korianderblättern.

SALAT AUF GEGRILLTEM LACHS

2 Port.

20 Min.

Leicht

Zutaten

200 g Lachs
100 g Kirschtomaten
100 g gemischter Blattsalat
2 Radieschen
1 TL Honig
2 EL Rotweinessig
1 TL Senf
2 EL Olivenöl
Pfeffer
Salz

Nährwerte p. P.

375 kcal
8 g Kohlenhydrate
27 g Fett
24 g Eiweiß

1 Zupfen Sie den Salat in Stücke. Vierteln Sie die Tomaten. Schneiden Sie die Radieschen in schmale Scheiben. Würzen Sie den Lachs mit Salz und Pfeffer.

2 Erhitzen Sie eine Grillpfanne und braten Sie den Lachs ohne Öl auf der Hautseite ca. 5-6 Minuten.

3 Verrühren Sie Öl, Essig, Honig, Senf und etwas Wasser zu einem Dressing und würzen Sie dieses mit Salz und Pfeffer.

4 Wenden Sie den Lachs und braten Sie ihn auf der Fleischseite noch einen kurzen Moment fertig.

5 Geben Sie Radieschen, Tomaten und Salat mit dem Dressing in eine Schüssel und vermischen Sie alles gut miteinander.

6 Richten Sie den Lachs auf Tellern an und geben Sie Salat dazu.

LACHS-ZUCCHINI-SALAT

2 Port.

30 Min.

Leicht

Zutaten

100 g Räucherlachs
250 g Zucchini
6 Blätter Basilikum
2 EL Olivenöl
2 EL Zitronensaft
Pfeffer
Salz

Nährwerte p. P.

236 kcal
4 g Kohlenhydrate
19 g Fett
13 g Eiweiß

1 Schneiden Sie die Zucchini mit einem Spiralschneider in dünne Streifen.

2 Erhitzen Sie etwas Öl in einer Pfanne und braten Sie darin die Zucchininudeln bei kräftiger Hitze einen Moment an. Nehmen Sie sie dann vom Herd.

3 Schneiden Sie den Lachs in breite Streifen. Hacken Sie das Basilikum fein.

4 Mischen Sie die Lachsstreifen und das Basilikum unter die Zucchininudeln und schmecken Sie mit Zitronensaft, Salz und Pfeffer ab.

KRESSESALAT MIT LACHS

2 Port. 40 Min. Leicht

Zutaten

100 g Räucherlachs
½ Kopfsalat
½ Bund Radieschen
5 EL Öl
1 Packung Kresse
Handvoll Kräuter (Dill, Petersilie, Schnittlauch)
2 TL Honig
1 TL mittelscharfer Senf
3 EL Apfelessig
Pfeffer
Salz

Nährwerte p. P.

289 kcal
22 g Kohlenhydrate
16 g Fett
15 g Eiweiß

1 Zerpflücken Sie den Salat in kleine Stücke. Schneiden Sie die Radieschen in dünne Scheiben. Ernten Sie die Kresse. Verlesen Sie die Kräuter und hacken Sie sie klein.

2 Vermischen Sie Senf, Honig, Essig, Öl, etwas Wasser sowie Salz und Pfeffer zu einem Dressing.

3 Richten Sie den Salat, die Radieschen, die Kresse, die Kräuter und den Lachs auf Tellern an und geben Sie das Dressing über den Salat.

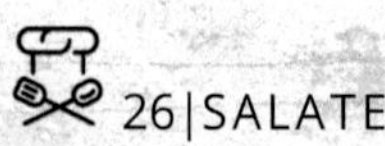

KOPFSALAT MIT LACHS UND KARTOFFELN

2 Port.

45 Min.

Leicht

Zutaten

50 g Räucherlachs
200 g Kartoffeln
150 g Vollmilchjoghurt
1 Möhre
5 EL Milch
2 EL Crème fraîche
½ Kopfsalat
½ Bund Radieschen
1 EL Butterschmalz
2 EL Zitronensaft
Salz

Nährwerte p. P.

274 kcal
26 g Kohlenhydrate
12 g Fett
13 g Eiweiß

1 Schälen Sie die Kartoffeln und schneiden Sie sie in Würfel.

2 Erhitzen Sie Butterschmalz in einer Pfanne und geben Sie die Kartoffelwürfel hinzu. Braten Sie sie rundum unter gelegentlichem Wenden ca. 20 Minuten.

3 Schneiden Sie den Kopfsalat in feine Streifen. Raspeln Sie die Möhre klein und schneiden Sie die Radieschen in dünne Scheiben.

4 Verrühren Sie für das Salatdressing Milch, Crème fraîche, und Vollmilchjoghurt miteinander und geben Sie den Zitronensaft hinzu. Schmecken Sie das Dressing mit etwas Salz ab.

5 Richten Sie den Salat und die Kartoffelwürfel mit Räucherlachs an und geben Sie abschließend das Dressing hinzu.

LACHS-AVOCADO-SALAT

2 Port. 15 Min. Leicht

Zutaten

100 g Räucherlachs
1 Avocado
½ rote Zwiebel
1 TL Crème fraîche
½ Handvoll Schnittlauch
½ Zitrone
Pfeffer
Salz

Nährwerte p. P.

304 kcal
11 g Kohlenhydrate
22 g Fett
13 g Eiweiß

1 Schneiden Sie die Avocado in kleine Würfel. Schneiden Sie die Zwiebel in feine Würfel. Schneiden Sie den Lachs in Streifen. Schneiden Sie den Schnittlauch in feine Röllchen.

2 Pressen Sie die Zitrone aus und verrühren Sie alles mit dem Zitronensaft und der Crème fraîche. Würzen Sie mit Salz und Pfeffer nach.

LACHS MIT MÖHREN-ZUCCHINI-SALAT

2 Port.

40 Min.

Leicht

Zutaten

200 g Lachs
100 ml Gemüsebrühe
2 Möhren
1 Zucchini
100 ml Pflanzencreme
½ Zwiebel
2/2 Bund Rauke
½ Zitrone
2 EL Olivenöl
Pfeffer
Zucker
Salz

Nährwerte p. P.

791 kcal
7 g Kohlenhydrate
73 g Fett
25 g Eiweiß

1 Verlesen Sie die Rauke. Schälen und halbieren Sie die Möhren längs. Schneiden Sie sie dann in ca. 3 cm große Stücke.

2 Vierteln Sie die Zucchini und schneiden Sie sie ebenfalls in ca. 3 cm große Stücke.

3 Schneiden Sie die Zwiebel in kleine Würfel. Geben Sie diese mit etwas Öl in eine Pfanne und dünsten Sie sie glasig.

4 Geben Sie die Möhrenstücke in die Pfanne und geben Sie etwas Salz und etwas Zucker hinzu. Dünsten Sie diese ca. 10 Minuten, ehe Sie die Zucchinistücke hinzugeben.

5 Reiben Sie die Schale der Zitrone ab und pressen Sie sie aus. Fangen Sie den Saft auf. Geben Sie Zitronenabrieb und Zitronensaft mit Pfeffer in die Pfanne über das Gemüse.

6 Rühren Sie die Pflanzencreme und die Gemüsebrühe ein und würzen Sie mit Salz und Zucker nach. Lassen Sie das Gemüse bei mittlerer Temperatur köcheln.

7 Würzen Sie den Lachs mit Salz und Pfeffer und braten Sie diesen in einer weiteren Pfanne mit etwas Öl von beiden Seiten an.

8 Mischen Sie die Rauke unter den Salat und richten Sie diesen dann mit dem Lachs auf zwei Tellern an.

SPITZKOHLSALAT MIT LACHS

2 Port.

30 Min.

Leicht

Zutaten

200 g Lachs
300 g Spitzkohl
2 Aprikosen
3 EL Weißweinessig
1 TL mildes Currypulver
2 ½ EL Olivenöl
2 Stiele Basilikum
Pfeffer
Zucker
Salz

Nährwerte p. P.

435 kcal
17 g Kohlenhydrate
28 g Fett
27 g Eiweiß

1 Halbieren Sie den Spitzkohl und schneiden Sie den Strunk heraus. Schneiden Sie den Kohl in feine Streifen und vermengen Sie ihn mit etwas Salz. Vermischen Sie den Kohl anschließend mit Weißweinessig und Olivenöl und würzen Sie mit Salz, Zucker und Pfeffer nach.

2 Halbieren und entsteinen Sie die Aprikosen und schneiden Sie sie in Spalten. Mischen Sie sie unter den Kohl.

3 Würzen Sie die Lachsfilets mit Salz, Pfeffer und etwas Currypulver.

4 Erhitzen Sie etwas Öl in einer Pfanne und braten Sie den Lachs darin bei mittlerer bis starker Hitze ca. 4 Minuten von allen Seiten an.

5 Zupfen Sie die Basilikumblätter ab und mischen Sie diese unter den Salat.

6 Servieren Sie den Lachs zum Salat.

LACHS-GEMÜSE-SALAT

2 Port.

30 Min.

Leicht

Zutaten

250 g Lachs
50 g Rucola
75 g Champignons
1 gelbe Paprikaschote
2 Tomaten
1 EL weißer Balsamico
2 EL Olivenöl
½ TL Honig
½ Zitrone
Pfeffer
Salz

Nährwerte p. P.

463 kcal
12 g Kohlenhydrate
31 g Fett
32 g Eiweiß

1 Schneiden Sie den Lachs in Stücke. Schneiden Sie die Paprika und die Tomaten in Stücke. Schneiden Sie die Champignons in Scheiben.

2 Reiben Sie die Schale der Zitrone ab. Pressen Sie die Zitrone aus und verrühren Sie den Saft mit dem Essig, dem Honig und dem Olivenöl. Schmecken Sie das Dressing mit Salz und Pfeffer ab.

3 Geben Sie etwas Olivenöl in eine Pfanne und braten Sie darin den Lachs mit Pilzen und Paprika an. Geben Sie die Tomaten und etwas Pfeffer hinzu.

4 Mischen Sie den Rucola unter und fügen Sie den Zitronenabrieb hinzu.

5 Verteilen Sie das Dressing über dem Salat.

KARTOFFEL-PETERSILIENPESTO-SALAT MIT LACHS

2 Port.

40 Min.

Leicht

Zutaten

2 Lachsfilets
250 g Kartoffeln
2 Tomaten
30 g geriebener Parmesan
½ Zitrone
80 ml Olivenöl
1 Knoblauchzehe
30 g Walnusskerne
½ Bund Petersilie
25 ml Gemüsebrühe
2 ½ EL weißer Balsamico
Cayennepfeffer
Pfeffer
Salz

Nährwerte p. P.

562 kcal
26 g Kohlenhydrate
54 g Fett
21 g Eiweiß

1 Geben Sie die Kartoffeln in einen Topf mit Salzwasser und lassen Sie es aufkochen. Garen Sie die Kartoffeln dann 15-20 Minuten bei mittlerer Hitze.

2 Rösten Sie die Walnusskerne in einer Pfanne ohne Fett und zerkleinern Sie sie dann in einem Mixer und geben Sie sie in eine Schüssel.

3 Reiben Sie die Schale von der Zitrone.

4 Zerhacken Sie die Petersilie grob. Pürieren Sie diese mit der Knoblauchzehe, dem Zitronenabrieb und dem Olivenöl zu einer feinen Masse.

5 Mischen Sie die Petersilienmasse, die Gemüsebrühe und den Parmesan unter die Walnüsse und würzen Sie mit Pfeffer, Cayennepfeffer, Salz und Balsamico nach.

6 Schneiden Sie die Tomaten in dünne Scheiben.

7 Streichen Sie eine Auflaufform mit etwas Öl aus und bestreuen Sie sie mit Salz. Legen Sie die Lachsfilets hinein und geben Sie etwas Salz, Pfeffer und Essig darüber. Belegen Sie die Lachsfilets mit den Tomatenscheiben und garen Sie alles ca. 8 Minuten bei 200 Grad Ober-/Unterhitze oder 180 Grad Umluft auf der mittleren Schiene.

8 Gießen Sie die Kartoffeln ab, schrecken Sie sie kurz ab, pellen Sie sie und brechen Sie sie dann in Hälften. Vermischen Sie sie mit dem Petersilien-Pesto.

9 Richten Sie alles auf Tellern an und bestreuen Sie den Fisch abschließend mit etwas Parmesan.

Klassisch & Traditionell

SPINAT-LACHS-LASAGNE

2 Port.

1,5 Std.

Mittel

Zutaten

200 g Lachsfilet
250 g Blattspinat
100 g geriebener Gouda
4 Lasagneplatten
½ Zwiebel
500 ml Milch
2 EL Butter
½ Knoblauchzehe
1 EL Zitronensaft
2 EL Mehl
Muskatnuss
Pfeffer
Salz

Nährwerte p. P.

832 kcal
51 g Kohlenhydrate
46 g Fett
52 g Eiweiß

1 Schneiden Sie die Knoblauchzehe und die Zwiebel in feine Würfel.

2 Erhitzen Sie etwas Butter in einem Topf und dünsten Sie die Gemüsewürfel darin an.

3 Fügen Sie den Spinat hinzu und dünsten Sie ihn ca. 10 Minuten. Schmecken Sie ihn mit den Gewürzen ab, ehe Sie ihn durch ein Sieb abtropfen lassen und leicht ausdrücken.

4 Erhitzen Sie für die Soße etwas Butter in einem Topf und schwitzen Sie darin das Mehl an. Rühren Sie dann die Milch ein, lassen Sie sie aufkochen und anschließend ca. 10 Minuten köcheln. Würzen Sie sie mit den Gewürzen nach. Geben Sie nun 2/3 des geriebenen Goudas hinzu und lassen Sie ihn in der Soße schmelzen.

5 Schneiden Sie den Lachs in Streifen und würzen Sie ihn mit etwas Zitronensaft und Salz.

6 Geben Sie in eine ofenfeste Form etwas Soße. Legen Sie auf diese zwei Lasagneplatten. Belegen Sie diese mit der Hälfte des Spinats und des Lachses. Verteilen Sie darauf etwas Soße. Schichten Sie die Zutaten auf diese Weise und schließen Sie mit Soße und dem restlichen Gouda ab.

7 Backen Sie die Lasagne bei 180 Grad Ober-/Unterhitze oder 150 Grad Umluft ca. 40 Minuten goldbraun.

GEBEIZTER ORANGENLACHS

 2 Port.  2 Tage  Schwer

Zutaten

Für den Lachs:
200 g Lachs
30 g Zucker
30 g grobes Meersalz
1 g Pfefferkörner
½ Orange
1 Lorbeerblatt

Für den Salat:
50 g Schmand
2 Stiele Kerbel
½ Fenchelknolle
¼ Grapefruit
1 Stange Staudensellerie
¼ Gurke
1 EL Olivenöl
¼ TL gemahlener Kreuzkümmel
¼ TL Cayennepfeffer
Salz
Pfeffer

Nährwerte p. P.

449 kcal
26 g Kohlenhydrate
26 g Fett
26 g Eiweiß

1 Schneiden Sie den Lachs im Abstand von 2 cm leicht ein. Zerkleinern Sie das Lorbeerblatt und die Pfefferkörner im Mörser. Reiben Sie die Orangenschale leicht ab. Stellen Sie die Orange beiseite. Vermischen Sie die Orangenschale mit der Pfeffer-Mischung.

2 Vermischen Sie Zucker und Meersalz und streuen Sie eine passende Form mit 1/3 davon aus. Verteilen Sie dann die Hälfte der Orangenmischung darüber. Setzen Sie den Lachs darauf und bestreuen Sie die andere Seite mit der restlichen Orangenmischung. Geben Sie dann die restliche Zuckermischung darüber. Decken Sie den Lachs mit Folie ab und legen Sie ein passendes Holzbrett darüber. Beschweren Sie dieses mit Konserven oder Ähnlichem und beizen Sie den Lachs für 2 Tage im Kühlschrank. Wenden Sie den Lachs nach einem Tag und gießen Sie dabei die ausgetretene Flüssigkeit ab.

3 Schneiden Sie für den Salat das Gemüse klein. Entfernen Sie von der Orange und der Grapefruit die weiße Haut und schneiden Sie die Fruchtfilets heraus. Fangen Sie den Saft dabei auf. Verrühren Sie den Schmand mit dem ausgetretenen Fruchtsaft sowie mit Olivenöl, Salz und Pfeffer zu einem Dressing und würzen Sie mit Cayennepfeffer und Kreuzkümmel nach.

4 Nehmen Sie den Lachs aus der Beize. Schaben Sie dabei die Gewürzmischung vorsichtig vom Lachs. Schneiden Sie ihn anschließend in dünne Scheiben.

5 Geben Sie 2/3 des Dressings unter den Salat und richten Sie ihn auf einer Platte an. Verteilen Sie darauf die Lachsscheiben und die Fruchtfilets. Garnieren Sie alles mit einigen Kerbelblättern und dem Fenchelgrün und geben Sie das restliche Dressing darüber.

BANDNUDELN MIT LACHS

2 Port.

25 Min.

Leicht

Zutaten

150 g Bandnudeln
200 g Räucherlachs
1 Becher Crème fraîche
1 Bund gehackter Dill
3 Stangen Petersilie
1 Zwiebel
1 EL Butter
1 Knoblauchzehe
1 TL Zitronensaft
Pfeffer
Salz

Nährwerte p. P.

577 kcal
56 g Kohlenhydrate
25 g Fett
32 g Eiweiß

1 Hacken Sie die Zwiebel und die Knoblauchzehe in Würfel.

2 Kochen Sie die Bandnudeln in etwas Salzwasser nach Anleitung. Geben Sie diese durch ein Sieb.

3 Erhitzen Sie die Butter in einer Pfanne und dünsten Sie die Gemüsewürfel darin. Geben Sie die Crème fraîche hinzu und rühren Sie sie ca. 5 Minuten unter. Lassen Sie die Soße ca. 5 Minuten leicht köcheln.

4 Schneiden Sie den Lachs in Streifen und rühren Sie diesen unter. Würzen Sie die Soße mit Salz, Dill und Pfeffer. Geben Sie etwas Zitronensaft hinzu.

5 Richten Sie die Nudeln auf Tellern an und geben Sie die Soße darüber. Garnieren Sie alles mit etwas Petersilie.

LACHS MIT APRIKOSEN-SAUERKRAUT

2 Port.

35 Min.

Mittel

Zutaten

200 g Kartoffeln
200 g Lachsfilet
100 ml Milch
3 Stiele Koriandergrün
2 reife Aprikosen
1 Glas Sauerkraut
1 EL mildes Currypulver
Muskatnuss
Salz

Nährwerte p. P.

379 kcal
31 g Kohlenhydrate
14 g Fett
29 g Eiweiß

1 Schälen Sie die Kartoffeln und geben Sie sie in einen Topf mit Salzwasser. Kochen Sie diese ca. 20 Minuten weich.

2 Geben Sie das Sauerkraut durch ein Sieb und spülen Sie es kalt ab.

3 Schneiden Sie die Aprikosen in kleine Würfel.

4 Würzen Sie den Lachs mit Salz und Currypulver. Bereiten Sie den Bratschlauch vor.

5 Vermengen Sie die Aprikosen mit dem Sauerkraut und geben Sie die Mischung in den Bratschlauch. Setzen Sie den Lachs darauf und binden Sie den Bratschlauch zu. Setzen Sie ihn auf ein Backblech und garen Sie alles bei 200 Grad Ober-/Unterhitze ca. 20 Minuten auf der mittleren Schiene.

6 Gießen Sie die Kartoffeln ab und geben Sie Milch hinzu. Pürieren Sie die Kartoffeln zu einem cremigen Püree. Würzen Sie das Püree mit Muskatnuss und Salz.

7 Hacken Sie den Koriander fein.

8 Richten Sie alles auf Tellern an und streuen Sie abschließend den Koriander darüber.

SPANISCHE LACHS-„KARREES“

2 Port.

1 Std. 20 Min.

Mittel

Zutaten

200 g Lachs
300 g Auberginen
4 Tomaten
2 Stiele Basilikum
½ Knoblauchknolle
2 Lorbeerblätter
60 g Chorizos
1 EL Blütenhonig
7 EL Olivenöl
1 EL Apfelessig
8 Pimientos de Padron
1 Rosmarinzweig
Salz
Pfeffer

Nährwerte p. P.

912 kcal
24 g Kohlenhydrate
73 g Fett
36 g Eiweiß

1 Schneiden Sie die Auberginen in Scheiben. Legen Sie diese Scheiben auf ein mit Backpapier ausgelegtes Backblech und salzen Sie sie etwas. Lassen Sie sie 30 Minuten ruhen.

2 Verrühren Sie den Honig mit etwas Wasser. Legen Sie den Lachs auf einen Teller und bestreichen Sie ihn mit Honig. Wickeln Sie ihn in Frischhaltefolie und stellen Sie ihn kalt.

3 Zupfen Sie den Rosmarin vom Zweig und hacken Sie ihn fein. Verrühren Sie ihn anschließend mit 2 EL Öl.

4 Bepinseln Sie die Auberginenscheiben mit dem Rosmarinöl. Backen Sie diese bei 200 Grad Ober-/Unterhitze oder 180 Grad Umluft ca. 25 Minuten. Nehmen Sie sie anschließend heraus und lassen Sie sie abkühlen.

5 Schneiden Sie die Tomaten in Scheiben. Verrühren Sie den Essig mit Olivenöl und Salz und heben Sie die Tomaten unter.

6 Zupfen Sie die Basilikumblätter vom Stiel und legen Sie sie kurz in kaltes Wasser. Schneiden Sie den Knoblauch in Scheiben. Schneiden Sie die Chorizos in dünne Scheiben.

7 Erhitzen Sie etwas Öl in einer Pfanne und braten Sie darin den Knoblauch einen Moment bei mittlerer Hitze. Geben Sie dann den Lachs hinzu und braten Sie ihn von beiden Seiten gebräunt an. Geben Sie eine Prise Salz hinzu.

8 Fügen Sie die Lorbeerblätter und die Chorizoscheiben hinzu und stellen Sie die Pfanne bei 200 Grad Ober-/Unterhitze für 6 Minuten in den Backofen. Nehmen Sie den Lachs aus dem Ofen und übergießen Sie ihn mit dem Bratöl.

9 Wischen Sie die Pfanne aus. Geben Sie Öl in die Pfanne, braten Sie darin die Pimientos kurz an und geben Sie etwas Salz hinzu.

10 Geben Sie die Auberginen zum Tomatensalat und würzen Sie sie mit Salz und Pfeffer.

11 Richten Sie den Salat mit Lachs, Chorizoscheiben und Pimientos an und legen Sie abschließend die Basilikumblätter hinzu.

LACHS-PASTA MIT TOMATENSOẞE

2 Port. 30 Min. Leicht

Zutaten

200 g Bandnudeln
200 g Lachsfilet
200 ml passierte Tomaten
100 ml Milch
100 ml Sahne
2 Knoblauchzehen
2 TL Gemüsebrühe
1 EL Tomatenmark
2 EL Olivenöl
Salz
Pfeffer

Nährwerte p. P.

914 kcal
85 g Kohlenhydrate
45 g Fett
41 g Eiweiß

1 Kochen Sie die Nudeln nach Anleitung in Salzwasser.

2 Schälen Sie die Knoblauchzehen und pressen Sie sie aus.

3 Erhitzen Sie etwas Olivenöl in einer tiefen Pfanne und braten Sie den Knoblauch darin an.

4 Geben Sie den Lachs in die Pfanne und zerteilen Sie ihn während des Bratens vorsichtig in kleine Stücke. Würzen Sie ihn mit Salz und Pfeffer.

5 Geben Sie das Tomatenmark in die Pfanne und rühren Sie die Sahne, die Milch und die passierten Tomaten ein. Verrühren Sie alles gut miteinander, bis sich das Tomatenmark aufgelöst hat. Rühren Sie das Gemüsebrühepulver ein.

6 Würzen Sie die Soße mit Salz und Pfeffer oder wahlweise mit noch mehr Gemüsebrühepulver nach.

7 Geben Sie die Nudeln in die Pfanne zur Soße und servieren Sie sie mit etwas Petersilie und wahlweise mit kleinen Tomaten.

SPAGHETTI MIT GEBRATENEM LACHS

2 Port.

30 Min.

Leicht

Zutaten

250 g Spaghetti
150 g Lachs
6 Cocktailtomaten
½ Zucchini
3 EL Olivenöl
2 Knoblauchzehen
6 Blätter Basilikum
Pfeffer
Salz

Nährwerte p. P.

801 kcal
91 g Kohlenhydrate
32 g Fett
34 g Eiweiß

1 Schneiden Sie die Knoblauchzehen klein. Schneiden Sie den Lachs in kleine Stücke. Geben Sie diese in eine Pfanne mit etwas Olivenöl und den Knoblauchstücken und braten Sie alles zusammen an. Stellen Sie den Lachs beiseite.

2 Kochen Sie die Spaghetti in etwas Salzwasser nach Anleitung bissfest. Geben Sie diese durch ein Sieb zum Abtropfen.

3 Halbieren Sie die Cocktailtomaten und schneiden Sie die Zucchini in Scheiben. Geben Sie das Gemüse in eine Pfanne mit etwas Olivenöl und schwitzen Sie das Gemüse etwas an.

4 Geben Sie die Spaghetti zum Gemüse und fügen Sie den Lachs hinzu. Vermischen Sie alles und würzen Sie mit Salz und Pfeffer.

5 Richten Sie alles auf Tellern an und garnieren Sie das Ganze mit ein paar Basilikumblättern.

LACHS MIT LANDGURKEN

2 Port.

45 Min.

Leicht

Zutaten

200 g Kartoffeln
120 g Schmand
125 ml Gemüsebrühe
2 Lachsfilets
½ Zitrone
1 Zwiebel
1 Landgurke
½ Bund Dill
1 EL Olivenöl
Pfeffer
Salz

Nährwerte p. P.

387 kcal
23 g Kohlenhydrate
22 g Fett
22 g Eiweiß

1 Reiben Sie die Schale von der Zitrone und pressen Sie sie aus. Fangen Sie den Saft auf. Schälen Sie die Kartoffeln, schneiden Sie sie in Würfel und legen Sie sie in kaltes Wasser. Schneiden Sie die Zwiebel in feine Würfel.

2 Geben Sie sie in einen Topf mit etwas Öl und dünsten Sie sie glasig. Geben Sie die Kartoffeln dazu und dünsten Sie sie kurz mit. Gießen Sie die Brühe ein und lassen Sie sie aufkochen. Lassen Sie alles für weitere 10 Minuten weiterköcheln.

3 Schälen Sie die Gurke, halbieren Sie sie und schneiden Sie sie in Stücke. Mischen Sie sie unter die Kartoffeln. Lassen Sie das Wasser erneut aufkochen und dann ca. 5 Minuten bei geringer Hitze schmoren.

4 Beträufeln Sie den Lachs mit dem Zitronensaft und reiben Sie ihn mit Salz, Pfeffer und dem Zitronenabrieb ein.

5 Rühren Sie den Schmand unter die Gurken. Legen Sie den Lachs in den Topf und lassen Sie alles zugedeckt aufkochen und bei geringer Hitze weitere 8 Minuten schmoren.

6 Schneiden Sie den Dill fein. Schmecken Sie die Schmorgurken mit Pfeffer, Dill und Salz ab.

LACHS-AUFLAUF

2 Port.

1 Std. 15 Min.

Leicht

Zutaten

150 g Blattspinat
150 g Lachsfilet
15 g Ingwer
1 Süßkartoffel
2 EL Butter
50 ml Milch
50 ml Schlagsahne
2 Eier
Salz
Chiliflocken
Pfeffer

Nährwerte p. P.

434 kcal
7 g Kohlenhydrate
34 g Fett
24 g Eiweiß

1 Schälen Sie die Süßkartoffel und schneiden Sie sie in Würfel. Schälen und schneiden Sie den Ingwer in kleine Stücke. Verlesen Sie den Spinat.

2 Erhitzen Sie etwas Butter in einer Pfanne und dünsten Sie den Ingwer und die Chiliflocken darin an. Geben Sie den Spinat hinzu und lassen Sie ihn zusammenfallen. Geben Sie ihn anschließend in eine ofenfeste Auflaufform und würzen Sie ihn mit Salz und Pfeffer.

3 Erhitzen Sie die restliche Butter und geben Sie die Süßkartoffelstücke hinzu. Braten Sie sie ca. 5 Minuten unter Rühren an.

4 Schneiden Sie den Lachs in kleine Würfel.

5 Verteilen Sie die Süßkartoffel- und die Lachswürfel in der Auflaufform.

6 Verrühren Sie die Eier, die Milch, die Schlagsahne und etwas Salz in einer Schüssel und geben Sie die Mischung über die Zutaten in der Auflaufform.

7 Backen Sie den Auflauf ca. 35 Minuten bei 200 Grad Ober-/Unterhitze oder 180 Grad Umluft goldbraun. Lassen Sie ihn anschließend ca. 5 Minuten ruhen.

HAMBURGER PANNFISCH-GRATIN

2 Port.

1,5 Std.

Mittel

Zutaten

200 g Kartoffeln
100 g Zwiebeln
200 g Lachsfilet
30 g Senfgurken
75 g Räucherlachs
100 ml Schlagsahne
2 Eier
45 g Gewürzgurken
3 Stiele Dill
1 ½ EL Rapskernöl
1 EL Olivenöl
2 ½ TL körniger Senf
½ Schalotte
½ Mini-Salatgurke
½ TL Kümmelsaat
Pfeffer
Salz

Nährwerte p. P.

689 kcal
34 g Kohlenhydrate
59 g Fett
25 g Eiweiß

1 Geben Sie die Kartoffeln mit Kümmel in Wasser und kochen Sie diese 20 Minuten. Gießen Sie sie anschließend ab, schrecken Sie sie unter kaltem Wasser ab und pellen Sie sie. Lassen Sie sie dann abkühlen.

2 Schneiden Sie die Zwiebeln in Ringe und dünsten Sie diese in einer Pfanne mit etwas Olivenöl hellbraun. Geben Sie sie anschließend in eine eingefettete Auflaufform.

3 Schneiden Sie den Räucherlachs in Würfel und geben Sie diese auf die Zwiebelwürfel. Schneiden Sie die Kartoffeln und den Lachs in dünne Scheiben und verteilen Sie diese fächerweise in der Form. Würzen Sie mit Salz und Pfeffer.

4 Verrühren Sie die Eier mit Senf und Sahne und gießen Sie die Mischung über die Kartoffeln und den Lachs. Backen Sie das Gratin bei 200 Grad Ober-/Unterhitze ca. 20 Minuten.

5 Schneiden Sie die Schalotte in feine Würfel, übergießen Sie diese kurz im Sieb mit heißem Wasser und schrecken Sie sie anschließend ab.

6 Schälen Sie die Salatgurke, vierteln Sie alle Gurken und schneiden Sie sie in kleine Würfel.

7 Schneiden Sie den Dill fein. Vermengen Sie den Dill, die Gurkenwürfel und das Rapskernöl. Richten Sie das Gratin mit dem Salat auf zwei Tellern an.

LACHS MIT BOHNENKRAUT

2 Port.

50 Min.

Leicht

Zutaten

2 Lachsfilets
300 g grüne Bohnen
2 Bohnenkraut-Stiele
1 Kräuter-Ciabatta
100 ml Sahne
2 EL Frischkäse
¼ Zitrone
1 EL Butter
Pfeffer
Salz

Nährwerte p. P.

539 kcal
25 g Kohlenhydrate
33 g Fett
32 g Eiweiß

1 Schneiden Sie die Bohnen in Stücke. Geben Sie diese in Salzwasser und kochen Sie sie ca. 10 Minuten gar. Gießen Sie das Wasser ab und schrecken Sie die Bohnen ab.

2 Hacken Sie das Bohnenkraut grob und verrühren Sie es mit Sahne und Frischkäse. Würzen Sie mit Salz und Pfeffer nach.

3 Schneiden Sie das Ciabatta in feine Würfel und mischen Sie die Brotwürfel mit Butter.

4 Pressen Sie die Zitrone aus. Geben Sie den Zitronensaft über den Lachs und würzen Sie ihn mit Salz und Pfeffer.

5 Fetten Sie eine Auflaufform mit Butter ein. Füllen Sie dann die Bohnen in die Form und verteilen Sie die Sahnemischung darüber. Legen Sie den Lachs darauf und bestreuen Sie ihn mit den Brotwürfeln.

6 Backen Sie den Auflauf bei 180 Grad Ober-/Unterhitze ca. 30 Minuten.

LACHS-GRATIN MIT BLUMENKOHL

 2 Port.

 55 Min.

 Leicht

Zutaten

200 g Lachsfilet
300 g Blumenkohl
100 g Magerquark
1 TL Olivenöl
30 g Bergkäse
60 ml Milch
½ Knoblauchzehe
1 TL Tellicherry-Pfeffer
1 TL Muskatnuss
1 TL Senf
2 EL Zitronensaft
Salz
Pfeffer

Nährwerte p. P.

449 kcal
11 g Kohlenhydrate
68 g Fett
35 g Eiweiß

1 Teilen Sie den Blumenkohl in Röschen. Geben Sie ihn in Salzwasser und kochen Sie ihn ca. 15 Minuten gar. Schrecken Sie ihn unter kaltem Wasser ab.

2 Fetten Sie eine ofenfeste Form mit etwas Öl ein. Verteilen Sie die Blumenkohlröschen darin.

3 Schneiden Sie den Lachs in Würfel und vermischen Sie diese mit etwas Zitronensaft. Verteilen Sie die Lachswürfel anschließend über dem Blumenkohl.

4 Hacken Sie die Knoblauchzehe fein.

5 Verrühren Sie Milch, Quark, Knoblauch, etwas Zitronensaft, Senf, Tellicherry-Pfeffer, Pfeffer, Salz und Muskatnuss miteinander. Verteilen Sie die Soße über dem Blumenkohl und dem Lachs. Verteilen Sie abschließend den Bergkäse auf der Soße.

6 Backen Sie den Auflauf bei 200 Grad Ober-/Unterhitze ca. 30 Minuten.

RÄUCHERLACHS AN LINGUINE

2 Port.

25 Min.

Leicht

Zutaten

200 g Lachsfilet
200 g Linguine
100 g Babyspinat
8 EL Sesam
100 g Crème fraîche
1 EL Olivenöl
20 Blätter Basilikum
Pfeffer
Salz

Nährwerte p. P.

910 kcal
74 g Kohlenhydrate
48 g Fett
42 g Eiweiß

1 Garen Sie die Linguine nach Anleitung bissfest.

2 Schneiden Sie den Lachs in Stücke. Geben Sie die Lachsstücke mit etwas Olivenöl in eine Pfanne und braten Sie sie zusammen mit den Sesamsamen scharf an.

3 Schneiden Sie die Basilikumblätter und den Babyspinat klein. Geben Sie beides zum Lachs.

4 Rühren Sie die Crème fraîche ein und würzen Sie mit Salz und Pfeffer nach.

5 Richten Sie die Linguine an und geben Sie die Soße mit dem Lachs darüber. Garnieren Sie sie mit dem restlichen Basilikum.

LACHS-SPINAT IM BLÄTTERTEIG

2 Port.

1 Std.

Leicht

Zutaten

300 g Blattspinat
150 g Räucherlachs
150 ml Schlagsahne
1 Eigelb
3 Eier
150 ml Milch
1 Knoblauchzehe
1 Zwiebel
2 TL Mehl
1 EL Butter
1 Pkg. Blätterteig
Salz
Muskatnuss
Pfeffer

Nährwerte p. P.

635 kcal
17 g Kohlenhydrate
48 g Fett
31 g Eiweiß

1 Hacken Sie die Zwiebel und die Knoblauchzehe fein. Erhitzen Sie die Butter in einem Topf und dünsten Sie beides darin an.

2 Geben Sie den Spinat in den Topf, streuen Sie etwas Mehl darüber und dünsten Sie den Spinat. Fügen Sie die Milch und die Sahne hinzu und würzen Sie mit Salz, Pfeffer und Muskatnuss nach. Lassen Sie alles aufkochen und dann bei mittlerer Hitze weitere 10 Minuten köcheln.

3 Kochen Sie die Eier 8 Minuten lang. Pellen Sie sie und schneiden Sie sie in Spalten.

4 Schneiden Sie den Lachs in ca. 1 cm breite Stücke. Füllen Sie den Spinat in eine Auflaufform und verteilen Sie Lachs und Eier darüber.

5 Verrühren Sie 1 EL Milch mit dem Eigelb und bestreichen Sie damit den Formrand.

6 Entrollen Sie den Blätterteig und legen Sie diesen über die Form. Drücken Sie ihn am Rand gut an und schlagen Sie überstehenden Teig nach innen ein. Bestreichen Sie die Oberfläche mit der Eigelbmischung.

7 Backen Sie den Lachs-Spinat bei ca. Grad Ober-/Unterhitze oder 180 Grad Umluft auf der untersten Schiene ca. 25 Minuten.

DILLKARTOFFELN MIT LACHS

2 Port.

1 Std.
10 Min.

Leicht

Zutaten

250 g Kartoffeln
2 EL Dill
100 g Lachsfilet
2 EL Zitronensaft
150 ml Milch
1 Zwiebel
1 Gurke
15 g Mehl
1 EL Butter
1 EL Olivenöl
Salz
Pfeffer

Nährwerte p. P.

635 kcal
31 g Kohlenhydrate
15 g Fett
28 g Eiweiß

1 Schälen Sie die Kartoffeln und die Gurke. Schneiden Sie sie in Würfel. Kochen Sie die Kartoffeln in Salzwasser ca. 15 Minuten gar.

2 Schälen Sie die Zwiebel und hacken Sie sie fein. Geben Sie sie anschließend in eine Pfanne mit etwas Olivenöl und dünsten Sie sie darin glasig. Geben Sie dann die Kartoffel- und Gurkenwürfel hinzu und dünsten Sie sie kurz mit.

3 Geben Sie die Milch, die Butter und das Mehl in einen Topf. Erhitzen Sie alles unter ständigem Rühren, bis die Soße aufkocht und dick wird. Lassen Sie sie dann noch weitere 5 Minuten köcheln.

4 Rühren Sie den Dill unter und schmecken Sie die Soße mit Salz und Pfeffer ab. Geben Sie den Zitronensaft über den Lachs. Rühren Sie die Soße unter die Gemüsewürfel.

5 Legen Sie den Lachs auf das Gemüse und lassen Sie alles zugedeckt ca. 10 Minuten bei mittlerer Hitze schmoren.

GEMÜSEPFANNE MIT BACON-LACHS UND FETA

2 Port.

27 Min.

Mittel

Zutaten

200 g Lachs
150 g Champignons
150 g Brokkoli
140 g Fetakäse
140 g Zucchini
20 g geriebener Parmesan
100 g Bacon
1 Zwiebel
Paprikapulver
Chiliflocken
Salz
Pfeffer
10 ml Olivenöl

Nährwerte p. P.

726 kcal
9 g Kohlenhydrate
52 g Fett
54 g Eiweiß

1 Umwickeln Sie den Lachs mit dem Bacon.

2 Schneiden Sie die Champignons und die Zucchini in schmale Scheiben. Teilen Sie den Brokkoli in kleine Röschen. Hacken Sie die Zwiebel fein.

3 Erhitzen Sie etwas Öl in einer Pfanne und geben Sie den umwickelten Lachs und das kleingeschnittene Gemüse hinein.

4 Würzen Sie alles mit etwas Salz, Pfeffer, Paprikapulver und Chiliflocken.

5 Geben Sie nach ca. 10 Minuten den Fetakäse in die Pfanne.

6 Verteilen Sie den Lachs und das Gemüse auf Tellern und streuen Sie den Parmesan vor dem Servieren darüber.

International

LACHSTRANCHEN BORDELAISE

2 Port.

30 Min.

Mittel

Zutaten

2 Lachsfilets
40 g Semmelbrösel
50 g weiche Butter
½ Bund Petersilie
½ Knoblauchzehe
1 EL Tomatenmark
1 EL Olivenöl
¼ TL Estragon
Pfeffer
Salz

Nährwerte p. P.

571 kcal
21 g Kohlenhydrate
41 g Fett
28 g Eiweiß

1 Legen Sie die Lachsfilets in eine eingeölte Ofenform und geben Sie Öl sowie Salz und Pfeffer darüber.

2 Hacken Sie die Petersilie grob und vermischen Sie diese mit Estragon, der Knoblauchzehe, dem Tomatenmark und den Semmelbröseln. Geben Sie alles zusammen in einen Mixer und zerhacken Sie alles ganz fein. Würzen Sie die Mischung mit Salz und Pfeffer und mengen Sie die weiche Butter unter.

3 Verteilen Sie die Mischung auf den Lachsfilets.

4 Backen Sie den Fisch bei 200 Grad Ober-/Unterhitze ca. 12-15 Minuten goldbraun auf der mittleren Schiene.

FISCH-CURRY

2 Port.

35 Min.

Leicht

Zutaten

300 g Lachs
5 g grüne Curry-Paste
75 g Zucchini
75 g Möhren
½ Limette
1 ½ EL Sojasoße
1 ½ Kaffir-Limettenblätter
½ Bund Frühlingszwiebeln
½ Dose ungesüßte Kokosmilch
2 EL Olivenöl
4 Stiele Thai-Basilikum

Nährwerte p. P.

516 kcal
10 g Kohlenhydrate
36 g Fett
37 g Eiweiß

1 Schneiden Sie den Lachs in ca. 3 cm große Stücke.

2 Pressen Sie die Limette aus und fangen Sie den Saft auf. Verrühren Sie diesen mit der Sojasoße und geben Sie davon etwas über den Lachs. Lassen Sie den Lachs ca. 10 Minuten ruhen. Wenden Sie ihn nach der Hälfte der Zeit einmal.

3 Schälen Sie die Möhren und schneiden Sie sie quer in Scheiben. Halbieren Sie die Zucchini und schneiden Sie sie in Stücke. Schneiden Sie die hellgrünen und weißen Teile der Frühlingszwiebeln in Stücke. Schneiden Sie die Kaffir-Limettenblätter in feine Streifen.

4 Geben Sie etwas Öl in eine Pfanne und dünsten Sie darin mit etwas Curry-Paste die Möhren einen Moment. Füllen Sie die Kokosmilch ein, geben Sie die Kaffir-Limettenblätter hinzu und kochen Sie alles weitere 4 Minuten bei mittlerer Hitze.

5 Fügen Sie den Lachs und die Zucchini hinzu und kochen Sie beides weitere 5 Minuten mit. Füllen Sie die Frühlingszwiebeln ein.

6 Schneiden Sie die Thai-Basilikumblätter grob.

7 Richten Sie das Fisch-Curry an und garnieren Sie es mit den Thai-Basilikumblättern.

NIGIRI-SUSHI MIT LACHS

12-14 Port.

1 Std. 10 Min.

Schwer

Zutaten

200 g Sushi-Reis
220 ml Wasser
250 g Lachs
½ TL Zucker
½ TL Wasabi
1 TL Salz
1 EL japanischer Reisessig, alternativ Weißweinessig
Sojasoße
Wasabi

Nährwerte p. P.

643 kcal
77 g Kohlenhydrate
17 g Fett
44 g Eiweiß

1 Waschen Sie den Reis zweimal mit kaltem Wasser ab und lassen Sie ihn abtropfen. Erhitzen Sie anschließend das Wasser, geben Sie den Reis hinzu und lassen Sie das Wasser aufkochen. Legen Sie den Deckel auf den Topf, schalten Sie den Herd aus und lassen Sie den Reis ca. 15 Minuten ziehen.

2 Verrühren Sie Reisessig, Zucker und Salz miteinander. Nehmen Sie den Topf mit dem Reis vom Herd und stellen Sie ihn weitere 15 Minuten zur Seite.

3 Verteilen Sie den Reis auf einer wendbaren sauberen Unterlage und geben Sie die Reisessig-Mischung darüber. Wenden Sie den Reis, streichen Sie ihn glatt und wenden Sie ihn erneut. So kühlt der Reis schnell ab.

4 Schneiden Sie den Lachs in etwa 3 cm breite Stücke und diese im Querschnitt längs in dünne Scheiben.

5 Verrühren Sie Wasabi mit etwas Wasser zu einer cremigen Masse und streichen Sie etwas davon auf die dünnen Lachsscheiben.

6 Befeuchten Sie Ihre Hände mit etwas Wasser und formen Sie anschließend den Reis zu oval-länglichem Sushi.

7 Legen Sie die Lachsscheiben mit der gewürzten Seite nach unten auf die Sushis und servieren Sie sie mit Wasabi und Sojasoße.

NORWEGISCHE LACHSPFANNE

2 Port.

20 Min.

Mittel

Zutaten

200 g Lachs
125 g Krabben oder Shrimps
½ Becher süße Sahne
1 Lauchstange
1 Dose gestückelte Tomaten
2 Knoblauchzehen
Zitronensaft
Gehackte Petersilie
Zucker
Salz
Pfeffer

Nährwerte p. P.

566 kcal
25 g Kohlenhydrate
32 g Fett
43 g Eiweiß

1 Geben Sie etwas Zitronensaft über den Lachs und lassen Sie ihn ca. 15 Minuten ziehen.

2 Geben Sie die Tomaten und die Sahne zusammen in eine Pfanne und erwärmen Sie sie.

3 Schneiden Sie den Lauch in dünne Ringe und zerhacken Sie die Knoblauchzehen. Geben Sie beides mit in die Pfanne und verrühren Sie alles gut miteinander. Würzen Sie mit Zucker, Salz und Pfeffer und lassen Sie es 10 Minuten köcheln.

4 Schneiden Sie den Lachs in Stücke und geben Sie diese in die Pfanne.

5 Lassen Sie alles ca. 15 Minuten köcheln.

6 Heben Sie die Krabben oder Shrimps unter und erwärmen Sie sie mit.

7 Verteilen Sie die Lachspfanne auf zwei Schüsseln und garnieren Sie sie mit etwas Petersilie.

FINNISCHER FLAMMLACHS

2 Port.

2 Tage

Schwer

Zutaten

300 g Lachs
1 TL Dill
½ TL Pfeffer
1 EL Meersalz
1 TL Schnittlauchblüten
1 TL Zitronenzesten
1 TL Zucker

Nährwerte p. P.

335 kcal
5 g Kohlenhydrate
20 g Fett
35 g Eiweiß

1 Entschuppen, filetieren und entgräten Sie den Lachs.

2 Vermischen Sie Zucker, Pfeffer, Meersalz, Dill, Zitronenzesten und Schnittlauchblüten zu einer Gewürzmischung.

3 Legen Sie den Lachs mit der Hautseite nach unten auf ein Blech.

4 Verteilen Sie die Gewürzmischung gleichmäßig auf dem Fisch. Decken Sie den Lachs ab und lassen Sie ihn zwei Tage bei max. 7 Grad durchziehen.

5 Spülen Sie die Lachsseite unter fließendem Wasser gut ab und tupfen Sie ihn trocken. Spannen Sie den Lachs dann auf ein gewässertes Flammlachsbrett mit der dicken Seite nach unten.

6 Zünden Sie in einer Feuerschale ein Feuer an. Geeignet sind hierfür Buchenholzscheite oder aber Erlenholzstücke für die besondere Würze. Befestigen Sie den Lachs so auf der Feuerschale, dass er möglichst gleichmäßig Hitze abbekommt. Es schadet nicht, wenn der Lachs direkt mit den Flammen in Kontakt kommt. Lassen Sie den Lachs ca. 45 Minuten vorsichtig gar werden. Das schmelzende Fett bildet hierbei eine schmackhafte Kruste.

MALAYSISCHER EINTOPF MIT LACHS

2 Port.

15 Min.

Mittel

Zutaten

200 g Lachs
120 g breite Reisnudeln
2 Knoblauchzehen
15 g frischer Ingwer
30 g Kokosmus
500 ml Fisch- oder Lachsfond
1 EL Zitronensaft
30 g frischer Koriander
1 EL Fischsoße Nuoc Mam
15 g Rapsöl
1 TL gemahlener Koriander

Nährwerte p. P.

817 kcal
78 g Kohlenhydrate
27 g Fett
62 g Eiweiß

1 Schneiden Sie den Lachs in Würfel und vermischen Sie diese mit dem Zitronensaft.

2 Schneiden Sie die Knoblauchzehen in feine Scheiben sowie den Ingwer in Streifen und zerhacken Sie den Koriander.

3 Geben Sie Knoblauchzehen, Koriander und Ingwer in eine Pfanne mit etwas Öl und rösten Sie alles gut durch. Geben Sie den Lachsfond in die Pfanne und rühren Sie das Kokosmus unter. Kochen Sie die Suppe, bis sie sämig wird.

4 Geben Sie die Nudeln hinein und kochen Sie sie, bis sie weich sind.

5 Geben Sie die Lachswürfel hinzu und lassen Sie sie gar werden.

6 Schmecken Sie den Eintopf mit Zitronensaft und der Fischsoße ab.

PAELLA MIT GEMÜSE UND LACHS

2 Port.

2 Std.

Leicht

Zutaten

200 g Lachs
250 g Möhren
1 Tasse Patnareis
4 Tassen Wasser
250 g Brokkoli
1 EL Olivenöl
½ Knoblauchzehe
½ Zwiebel
1 ½ TL Gemüsebrühe
½ Zitrone
1 TL Curry
Salz
Cayennepfeffer

Nährwerte p. P.

599 kcal
22 g Kohlenhydrate
42 g Fett
30 g Eiweiß

1 Pressen Sie die Zitrone aus und fangen Sie den Saft auf. Verrühren Sie diesen mit etwas Gemüsebrühe und Cayennepfeffer. Marinieren Sie den Lachs mit der Marinade und lassen Sie ihn 1 Stunde ruhen.

2 Schneiden Sie die Knoblauchzehe und die Zwiebel in feine Würfel und braten Sie sie in einem Topf mit etwas Olivenöl glasig an.

3 Geben Sie den Reis hinzu und schwitzen Sie ihn kurz an. Streuen Sie Curry darüber und geben Sie das Wasser dazu. Lassen Sie alles einmal aufkochen.

4 Würzen Sie mit Salz, Cayennepfeffer und der restlichen Gemüsebrühe nach und lassen Sie alles ca. 20 Minuten bei geringer Hitze quellen.

5 Schneiden Sie die Möhren in dünne Scheiben, teilen Sie den Brokkoli in kleine Röschen und geben Sie das Gemüse nach ca. 10 Minuten zum Reis.

6 Braten Sie den Lachs in einer Pfanne mit etwas Öl an, nehmen Sie ihn dann heraus, schneiden Sie ihn in Würfel und bestreuen Sie ihn etwas mit Gemüsebrühe. Lassen Sie ihn für 5 Minuten ziehen und heben Sie ihn dann unter den Reis.

SCHWEDISCHES SMÖRGASBORD

 2 Port.  1 Tag  Mittel

Zutaten

2 Scheiben Vollkornbrot
160 g Möhren
1 TL vegane Mayonnaise
1 TL Salz
½ Schalotte
1/8 Bund Dill
½ Blatt Nori
1 TL Olivenöl
½ TL Kapern
1 TL Olivenölperlen
1 TL Liquid Smoke – Flüssigrauch
1 TL Apfelessig

Nährwerte p. P.

152 kcal
23 g Kohlenhydrate
3 g Fett
5 g Eiweiß

1 Reiben Sie die Möhren rundum mit Salz ein, sodass sie gut bedeckt sind, und legen Sie sie auf ein mit Backpapier ausgelegtes Backblech. Schmoren Sie sie bei 200 Grad Ober-/Unterhitze ca. 45 Minuten im Backofen. Schälen Sie die Möhren noch warm und schneiden Sie sie längs in dünne Streifen.

2 Verrühren Sie für die Marinade Olivenöl, das restliche Salz, den Flüssigrauch, den Apfelessig und das Nori-Blatt gut miteinander.

3 Geben Sie die Möhrenstreifen hinein und bedecken Sie sie gut mit der Marinade. Lassen Sie sie dann über Nacht oder besser für 2-3 Tage im Kühlschrank ziehen.

4 Schneiden Sie die Schalotte in dünne Ringe. Zupfen Sie den Dill.

5 Bestreichen Sie die Brotscheiben mit etwas veganer Mayonnaise, belegen Sie sie dann mit dem Karottenlachs und den Zwiebelringen, geben Sie hierauf die Kapern und die Olivenölperlen.

KANARISCHE SALZKARTOFFELN MIT WILDLACHS

2 Port.

2 Std.

Mittel

Zutaten

200 g Wildlachs
200 g Kartoffeln
50 g Macadamianüsse
10 g Lapsang Souchong-Tee
¼ Zitrone
20 ml Johannisbeersaft
¼ Sternanis
90 g wilde Blaubeeren
¼ Bund Minze
20 g Salz
1 TL schwarze Pfefferkörner
10 g brauner Zucker
20 ml Olivenöl
Pfeffer
Salz

Nährwerte p. P.

584 kcal
36 g Kohlenhydrate
34 g Fett
27 g Eiweiß

1 Zerstoßen Sie den Lapsang Souchong-Tee im Mörser. Pressen Sie den Saft aus der Zitrone. Zupfen Sie die Minzblätter von den Stielen.

2 Verteilen Sie den zerstoßenen Tee auf dem Wildlachs und legen Sie ihn ca. 1 Stunde in den Kühlschrank. Heizen Sie den Grill an.

3 Geben Sie für das Blaubeerconfit den Sternanis, den Zucker und die Pfefferkörner in einen großen Topf und erhitzen Sie das Ganze. Lassen Sie den Zucker schmelzen, ehe Sie den Johannisbeersaft hinzugeben und ihn kurz aufkochen lassen. Geben Sie die Blaubeeren in den Topf und legen Sie den Deckel auf. Schalten Sie den Herd aus und lassen Sie es ziehen.

4 Füllen Sie die Macadamianüsse zusammen mit dem Olivenöl in ein hohes Gefäß und pürieren Sie sie. Geben Sie die Minze hinzu und pürieren Sie sie mit. Schmecken Sie mit Zitronensaft, Salz und Pfeffer ab.

5 Kochen Sie die Kartoffeln in einem Topf mit 20 g Salz und kochen Sie die Salzkartoffeln ca. 25-35 Minuten, bis sie gar sind und das Wasser verkocht ist. Lassen Sie die Kartoffeln anschließend ausdampfen, damit die Kartoffeln eine Salzkruste bekommen.

6 Legen Sie das Lachsfilet auf den Grill und grillen Sie es, bis das Fleisch nur noch sanft glänzt. Richten Sie den Lachs, die Kartoffeln und das Blaubeerconfit auf einem Teller an.

Besondere Anlässe

LACHS-SPINAT-PÄCKCHEN

2 Port.

1 Tag

Schwer

Zutaten

Für die Päckchen:
50 g Lachs
60 g große Spinatblätter
2 Jakobsmuscheln
½ TL gehackte Petersilie
Prise Zucker
Prise Fleur de Sel
Prise Piment d´Espelette
Butter
Salz
Olivenöl

Für die Soße:
170 g reife Tomaten
10 g Butter
1/3 kleine Schalotte
1/3 Knoblauchzehe
Safran
Salz

Nährwerte p. P.

155 kcal
6 g Kohlenhydrate
11 g Fett
8 g Eiweiß

1 Teilen Sie für die Päckchen die Spinatblätter. Geben Sie diese anschließend kurz in Salzwasser, blanchieren Sie sie und schrecken Sie sie dann sofort in Eiswasser ab. Legen Sie die Blätter dann auf ein Küchentuch und bedecken Sie es mit einem zweiten. Drücken Sie es fest, damit die Blätter trocknen.

2 Schneiden Sie von der Frischhaltefolie 12 Quadrate ab und legen Sie sie auf einer großen Arbeitsfläche aus.

3 Schmelzen Sie die Butter und buttern Sie damit in der Mitte jedes Folienstücks ein Quadrat in etwa der Größe eines Spinatblattes ein. Trennen Sie den Stiel der Spinatblätter ab und legen Sie die Blätter mit den Blattadern nach oben auf die gebutterte Folie.

4 Entfernen Sie die dunkle Schicht des Lachsfilets und schneiden Sie den Lachs dann in feine Würfel. Geben Sie die Gewürze und die Petersilie hinzu und setzen Sie je ein kleines Häufchen auf das Spinatblatt. Schlagen Sie das Spinatblatt zusammen und greifen Sie die Enden, um das Päckchen auf die Hand zu nehmen. Verdrehen Sie die Enden so, dass das Päckchen fest ist und Sie die zusammengedrehte Folie unter dem Päckchen festklemmen können.

5 Geben Sie etwas Wasser in einen Topf und dämpfen Sie die Spinatpäckchen ca. 3 Minuten.

6 Für die Soße stellen Sie den Tomatenfond am Vortag her. Hierfür schälen Sie die Knoblauchzehe und die Schalotte und schneiden beides mit den Tomaten in Würfel. Geben Sie alles in einen Topf und erwärmen Sie es. Anschließend pürieren Sie die Masse und lassen das Püree einmal aufkochen, würzen es mit etwas Salz und lassen es erneut aufkochen.

7 Geben Sie die Masse dann durch ein mit einem Küchentuch ausgelegten Passiersieb. Sie erhalten einen klaren Tomatensud. Die Restmasse können Sie entsorgen.

8 Nehmen Sie 100 ml vom Tomatenfond und kochen Sie diesen mit etwas Safran in einem Topf auf.

9 Schneiden Sie die Butter in Stückchen und arbeiten Sie diese in den Fond ein. Schmecken Sie die Soße mit Salz ab.

10 Erhitzen Sie für die Jakobsmuscheln etwas Olivenöl in einer Pfanne, braten Sie die Muscheln darin, bis sie leicht glasig sind, und würzen Sie sie mit Fleur de Sel.

11 Richten Sie die Soße auf den Tellern an und setzen Sie je die Muschel in die Mitte. Legen Sie ein Päckchen an die Seite.

LACHS-MARONEN-SUPPE

2 Port.

1 Std.

Schwer

Zutaten

Für die Suppe:
200 g vorgekochte Maronen
50 ml Apfelsaft
150 ml Sahne
200 ml Geflügelfond
30 ml trockener Weißwein
¼ Zwiebel
½ TL Piment d´Espelette
1/3 Butter
Pfeffer
Salz

Für die Wan-Tan:
1 Scheibe Räucherlachs
1 vorgegarte Marone
1 Eiweiß
2 Blätter Wan-Tan
½ Zitrone
Meersalz
Pfeffer
Rapsöl

Für den Fisch:
50 g Stremellachs
½ TL tasmanischer Pfeffer
1 TL Zucker
Meersalz

Nährwerte p. P.

590 kcal
49 g Kohlenhydrate
35 g Fett
13 g Eiweiß

1 Hacken Sie für die Suppe die Zwiebel fein und schwitzen Sie diese in einem Topf mit etwas Butter an.

2 Schneiden Sie die Maronen in Würfel, geben Sie diese in den Topf und würzen Sie sie mit Salz. Geben Sie Apfelsaft und Weißwein hinzu und gießen Sie die Suppe mit Sahne und Geflügelfond auf. Kochen Sie die Maronen bei geschlossenem Deckel und schwacher Hitze weich.

3 Pürieren Sie die Suppe und würzen Sie mit Piment d´Espelette, Salz und Pfeffer und bei Bedarf mit einer Prise Zucker nach. Geben Sie die Suppe durch ein Sieb.

4 Reiben Sie für die Wan-Tan die Schale der Zitrone ab. Schneiden Sie den Lachs und die Marone für den Wan-Tan in kleine Würfel und vermischen Sie beides in einer Schüssel miteinander. Geben Sie etwas Zitronenabrieb und je eine Prise Salz und Pfeffer hinzu.

5 Schlagen Sie das Eiweiß etwas mit Salz steif. Bestreichen Sie dann die Ränder der Wan-Tan-Blätter mit Eiweiß. Geben Sie ca. 1 TL der Lachs-Masse in die Mitte der Blätter und falten Sie die Blätter dann zu Dreiecken zusammen. Drücken Sie dabei die Ränder fest zusammen, damit keine Luft im Wan-Tan ist. Schneiden Sie den überstehenden Teig ab.

6 Geben Sie etwas Öl in eine Pfanne und backen Sie die Wan-Tan darin unter einmaligem Wenden goldgelb. Lassen Sie sie anschließend auf einem Küchenpapier abtropfen.

7 Hacken Sie für den Lachs den tasmanischen Pfeffer fein und vermischen Sie ihn dann mit Zucker und einer Prise Salz. Schneiden Sie den Lachs in Portionen.

8 Streuen Sie die Pfeffermischung auf einen Teller und drücken Sie die Seite des Fischs, der karamellisiert werden soll, in die Pfeffermischung. Anschließend flämmen Sie die Fischscheibe mit einer Lötlampe ab. Richten Sie den Fisch in einem tiefen Teller an und gießen Sie die Suppe drumherum. Legen Sie den Wan-Tan an den Tellerrand.

WEIHNACHTSLACHS

2 Port.

20 Min.

Leicht

Zutaten

200 g Lachs
125 g Vollmilchjoghurt
20 g geriebener Parmesan
30 g Walnüsse
1 EL Butter
½ Knoblauchzehe
½ Zitrone
½ Bund Petersilie
1 Zweig Salbei
Pfeffer
Meersalz

Nährwerte p. P.

444 kcal
7 g Kohlenhydrate
31 g Fett
33 g Eiweiß

1 Reiben Sie die Schale der Zitrone ab. Hacken Sie die Knoblauchzehe, die Kräuter und die Walnüsse.

2 Vermischen Sie die Kräuter, die Nüsse, die abgeriebene Zitronenschale, den Knoblauch, den Parmesan, das Salz, den Pfeffer und etwas weiche Butter gut miteinander.

3 Legen Sie den Lachs in eine ofenfeste, mit Butter eingefettete Form und geben Sie die Kräuter-Nuss-Mischung gleichmäßig auf den Fisch. Schieben Sie die Form in den Backofen und backen Sie ihn bei 200 Grad Ober-/Unterhitze oder 180 Grad Umluft ca. 25 Minuten lang.

4 Verrühren Sie den Joghurt mit Salz und Pfeffer und reichen Sie diesen zum Lachs.

RÄUCHERLACHS-PFÄNNCHEN

2 Port.

25 Min.

Leicht

Zutaten

300 g Blattspinat
130 g Räucherlachs
2 Scheiben Raclette-Käse
½ Zwiebel
½ Knoblauchzehe
20 g Butter
Muskat
Fondor
Pfeffer
Salz

Nährwerte p. P.

210 kcal
3 g Kohlenhydrate
15 g Fett
14 g Eiweiß

1 Hacken Sie die Zwiebel und die Knoblauchzehe fein.

2 Erhitzen Sie die Butter in einem Topf und dünsten Sie darin die Zwiebel und die Knoblauchzehe glasig.

3 Geben Sie den Blattspinat hinzu und garen Sie ihn ca. 10 Minuten unter gelegentlichem Umrühren. Würzen Sie ihn mit Fondor, Salz, Muskat und Pfeffer. Stellen Sie ihn beiseite.

4 Wärmen Sie das Raclette vor.

5 Füllen Sie den Boden der Raclette-Pfännchen mit Spinat und legen Sie eine Scheibe Räucherlachs darauf. Bedecken Sie ihn mit einer Scheibe Raclettekäse.

6 Stellen Sie das Pfännchen in das Raclette, bis der Käse zerlaufen ist.

SILVESTER EINERLEI

2 Port. 25 Min. Leicht

Zutaten

1 Scheibe Pumpernickel
20 g Räucherlachs
1 Scheibe Schnittkäse
1 Ei
20 g Paprika-Frischkäse
2 Scheiben Vollkorntoast
20 g Feta
50 g Käsewürfel
20 g Geflügelaufschnitt
6-8 kernlose Datteln
100 g Weintrauben
50 g Datteltomaten
2 Essiggurken
Petersilie
Dill

Nährwerte p. P.

275 kcal
38 g Kohlenhydrate
9 g Fett
10 g Eiweiß

1 Kochen Sie das Ei weich.

2 Schneiden Sie die Pumpernickel-Scheibe in kleine Rechtecke und bestreichen Sie diese mit Frischkäse.

3 Schneiden Sie das Ei in Scheiben und legen Sie diese jeweils auf den Frischkäse. Legen Sie den Räucherlachs jeweils auf das Ei.

4 Schneiden Sie die Tomaten in Hälften und fixieren Sie diese zusammen mit Dill durch einen Spieß mit den Pumpernickel-Canapes.

5 Stanzen Sie mit einem Stern-Ausstecher das Vollkorntoast aus. Bestreichen Sie die Toaststücke mit Frischkäse.

6 Schneiden Sie den Schnittkäse in Stücke. Schneiden Sie die Essiggurken der Länge nach in Streifen. Schneiden Sie die Datteltomaten in Stücke.

7 Legen Sie den Schnittkäse mit Aufschnitt auf die Toaststerne und fixieren Sie diese durch einen Spieß mit den Tomatenhälften, den Gurkenstreifen und der Petersilie.

8 Schneiden Sie den Feta in Würfel. Spießen Sie den Feta zwischen zwei Tomatenhälften. Schneiden Sie die Datteln in Ringe.

9 Ziehen Sie abwechselnd Weintrauben mit Käsewürfeln und Dattelringen auf Spieße.

LACHS-FRIKASSEE

2 Port.

30 Min.

Leicht

Zutaten

150 g Lachs
125 g Tiefkühl-Kaisergemüse
100 ml Milch
½ EL Mehl
½ EL Butter
100 g Reis
2 EL Zitronensaft
100 ml Gemüsebrühe
Olivenöl
Petersilie oder Schnittlauch
Salz
Pfeffer

Nährwerte p. P.

429 kcal
46 g Kohlenhydrate
15 g Fett
27 g Eiweiß

1 Kochen Sie den Reis nach Anleitung gar.

2 Geben Sie die Butter in einen Topf und lassen Sie sie schmelzen. Rühren Sie das Mehl ein und lassen Sie es für ein paar Minuten unter ständigem Rühren anschwitzen.

3 Rühren Sie nach und nach die Milch und die Brühe ein und lassen Sie alles ca. 8 Minuten köcheln.

4 Geben Sie das Gemüse in den Topf und lassen Sie es ca. 10 Minuten darin köcheln.

5 Schneiden Sie den Lachs in Würfel. Verrühren Sie diese mit Zitronensaft und würzen Sie die Würfel mit Salz und Pfeffer. Geben Sie diese anschließend mit etwas Olivenöl in eine Pfanne. Braten Sie sie darin unter gelegentlichem Wenden an.

6 Geben Sie den Reis zum Gemüse. Heben Sie anschließend auch den Lachs unter. Bestreuen Sie das Ganze abschließend mit Petersilie oder Schnittlauch.

WEIHNACHTLICHES LACHS-TARTAR

2 Port.

40 Min.

Leicht

Zutaten

200 g Lachs
2 Scheiben Baguette
2 Salatblätter
¼ Gurke
2 EL Zitronensaft
1 TL Dill
1 TL Dijon-Senf
Salz
Zerstoßenes Eis

Nährwerte p. P.

219 kcal
2 g Kohlenhydrate
13 g Fett
23 g Eiweiß

1 Schneiden Sie den Lachs in feine Würfel. Schälen Sie die Gurke und schneiden Sie sie in Würfel. Geben Sie diese zu den Lachswürfeln.

2 Verrühren Sie Dill, Zitronensaft, Senf und Salz und geben Sie die Mischung zum Lachs und der Gurke. Stellen Sie alles ca. 1 Stunde im Kühlschrank kalt.

3 Füllen Sie zwei Martinigläser mit Eis. Platzieren Sie dann je ein Salatblatt darauf. Geben Sie nun den gekühlten Lachstartar auf das Salatblatt.

4 Toasten Sie die Baguettescheiben an und servieren Sie diese zum Lachstartar.

AUFMUNTERUNGS-SALAT

2 Port.

35 Min.

Leicht

Zutaten

200 g Stremellachs
2 mittelgroße Kartoffeln
2 Eier
1 Avocado
150 g Pflücksalat oder Wildkräutersalat
50 g rote Sprossen
100 g grüne Bohnen
200 g Sauerrahm
2 EL Ahornsirup
1 Zitrone
Cayennepfeffer
Salz
Pfeffer

Nährwerte p. P.

537 kcal
41 g Kohlenhydrate
28 g Fett
25 g Eiweiß

1 Geben Sie die Kartoffeln für ca. 20 Minuten in kochendes Salzwasser und kochen Sie diese weich. Sobald diese weich sind, geben Sie die Bohnen dazu und kochen diese für ca. 3 Minuten kurz mit. Schrecken Sie die Bohnen dann ab und lassen Sie die Kartoffeln abkühlen.

2 Kochen Sie die Eier weich.

3 Reiben Sie die Schale der Zitrone ab und pressen Sie sie aus. Fangen Sie den Saft auf.

4 Vermischen Sie für das Dressing den Zitronenabrieb und den Zitronensaft mit Sauerrahm, etwas Salz, Cayennepfeffer, Pfeffer und Ahornsirup.

5 Verteilen Sie den Salat in zwei Schüsseln und verteilen Sie darauf die Sprossen. Schneiden Sie die Kartoffeln in Scheiben. Zerpflücken Sie den Lachs. Schneiden Sie die Avocado und die Eier in Scheiben. Verteilen Sie alles in den Schüsseln und geben Sie das Dressing sowie etwas Pfeffer über den Salat.

Bowls

SOBA-BOWL

2 Port.

40 Min.

Mittel

Zutaten

200 g Lachs
50 ml Mirin
300 g Brokkoli
130 g Soba-Nudeln
25 g Ingwer
1 ½ EL Agavendicksaft
2 EL Sojasoße
2 EL Sesamöl
1 TL Sesam
1 ½ EL Olivenöl
½ TL Pfefferkörner
1 TL grüner Tee
1 EL Tahin
½ Limette
½ Frühlingszwiebel
10 Stiele Koriander
Salz

Nährwerte p. P.

795 kcal
31 g Kohlenhydrate
39 g Fett
21 g Eiweiß

1 Schälen Sie den Ingwer und hacken Sie ihn fein.

2 Pressen Sie die Limette aus. Geben Sie den Limettensaft mit Agavendicksaft, Tahin, Sesamöl und Sojasoße zum Ingwer und verrühren Sie alles fein.

3 Schneiden Sie die Frühlingszwiebel in feine Ringe. Zerhacken Sie die Korianderblättchen.

4 Geben Sie den Sesam in eine Pfanne ohne Öl und rösten Sie diesen.

5 Schneiden Sie den Brokkoli in feine Röschen. Vermischen Sie diese mit etwas Olivenöl und Salz und legen Sie sie auf ein mit Backpapier belegtes Backblech. Garen Sie diese dann bei 200 Grad Ober-/Unterhitze oder 80 Grad Umluft ca. 12 Minuten.

6 Geben Sie ca. 300 ml Wasser in einen Topf und rühren Sie Mirin und Pfefferkörner ein. Lassen Sie es aufkochen und stellen Sie es dann beiseite. Geben Sie den Tee hinein und lassen Sie ihn ca. 3 Minuten ziehen. Geben Sie die Flüssigkeit dann durch ein Sieb in einen anderen Topf.

7 Geben Sie den Lachs in den Topf mit dem Tee und pochieren Sie ihn ca. 7 Minuten bei mittlerer Hitze.

8 Kochen Sie die Nudeln nach Anleitung und gießen Sie sie anschließend ab.

9 eben Sie die Nudeln in zwei Schalen und verteilen Sie die anderen Zutaten darüber. Garnieren Sie alles mit Sesam, Koriander und Zwiebelringen.

BUDDHA-BOWL

2 Port. 2 Std. Mittel

Zutaten

250 g Lachs
150 g Naturreis
1 Avocado
2 Handvoll Feldsalat
2 Eier
1 Lauchzwiebel
3 EL Wakame-Salat
1 kleines Stück Ingwer
4 EL Sesamöl
3 EL Sojasoße
½ Limette
2 EL Sesam

Nährwerte p. P.

874 kcal
73 g Kohlenhydrate
42 g Fett
48 g Eiweiß

1 Kochen Sie den Reis nach Anleitung in etwas Wasser und stellen Sie ihn anschließend zum Abkühlen beiseite.

2 Schneiden Sie den Lachs in Würfel. Reiben Sie etwas Schale von der Limette und pressen Sie sie dann aus. Fangen Sie den Saft auf. Reiben Sie den Ingwer klein.

3 Verrühren Sie etwas Limettensaft, Sesamöl, Limettenschale, Sojasoße und Ingwer zu einem Dressing und geben Sie dieses über die Lachswürfel. Stellen Sie diese ca. 1 Stunde unter gelegentlichem Umrühren in den Kühlschrank.

4 Schälen Sie die Avocado, entfernen Sie den Kern und schneiden Sie das Fruchtfleisch in Scheiben. Geben Sie etwas Limettensaft darüber.

5 Schneiden Sie die Lauchzwiebel in Scheiben. Kochen Sie die Eier hart, pellen Sie diese und vierteln Sie sie.

6 Richten Sie alle Zutaten in zwei Schüsseln an. Geben Sie anschließend die restliche Marinade vom Lachs darüber und garnieren Sie mit Sesam.

MANGO-LACHS-BOWL

2 Port.

40 Min.

Leicht

Zutaten

100 g Lachsfilet
½ Frühlingszwiebel
½ Mango
½ Avocado
60 g Rotkohl
75 g Quinoa
100 g Kürbis
2 EL Sojasoße
2 EL Reisessig
2 EL Sesamöl
50 g Sojabohnenkerne
2 EL Cashewkerne
½ TL Chiliflocken
2 TL schwarzer Sesam
Pfeffer
Zucker
Salz

Nährwerte p. P.

498 kcal
47 g Kohlenhydrate
23 g Fett
23 g Eiweiß

1 Vermischen Sie etwas Wasser mit Sojasoße, Reisessig, Sesamöl, Zucker, Chiliflocken und Sesam. Schneiden Sie den Rotkohl klein.

2 Geben Sie die Quinoa mit etwas Wasser in einen Topf und garen Sie sie ca. 15 Minuten weich. Würzen Sie sie mit etwas Salz.

3 Schneiden Sie das Kürbisfleisch in kleine Würfel und garen Sie diese ca. 10 Minuten in etwas Wasser. Würzen Sie sie mit Salz und Pfeffer.

4 Geben Sie die Sojabohnenkerne in etwas Wasser und garen Sie sie ca. 10 Minuten weich.

5 Schneiden Sie Lachs und Mango in Würfel, die Avocado in Scheiben und die Frühlingszwiebel in feine Ringe.

6 Verteilen Sie alles auf zwei Schüsseln und geben Sie das Dressing darüber. Garnieren Sie die Bowls abschließend mit den Cashewkernen.

POWERBOWL

2 Port. 25 Min. Leicht

Zutaten

200 g Lachs
120 g Reis
80 g Walnusskerne
½ Gurke
¼ Rotkohl
1 Limette
3 EL Teriyaki-Soße
2 EL Sesamöl
2 EL Apfelessig
4 EL Honig
1 TL Chilipulver
½ Bund Koriander
Zucker
Salz

Nährwerte p. P.

887 kcal
86 g Kohlenhydrate
41 g Fett
40 g Eiweiß

1 Kochen Sie den Reis nach Anleitung in etwas Wasser.

2 Entfernen Sie die äußeren Blätter des Rotkohls, vierteln Sie ihn und entfernen Sie den Strunk. Schneiden Sie ihn in Streifen und vermischen Sie diese mit Essig, Salz und Zucker. Lassen Sie die Rotkohl-Streifen ca. 15 Minuten ruhen.

3 Schneiden Sie die Gurke in Würfel. Reiben Sie die Limettenschale ab.

4 Geben Sie den Honig mit 2 EL Wasser und etwas Chilipulver in eine Pfanne und lassen Sie ihn aufkochen. Geben Sie die Walnusskerne hinzu und lassen Sie sie unter Rühren karamellisieren. Geben Sie die geriebene Limettenschale hinzu und lassen Sie die Walnusskerne anschließend auf einem Backpapier abkühlen.

5 Schneiden Sie den Lachs in Würfel und vermengen Sie diese mit etwas Salz, Sesamöl und Teriyaki-Soße. Braten Sie die Lachswürfel anschließend in einer Pfanne scharf an.

6 Zupfen Sie die Korianderblätter vom Stängel.

7 Richten Sie alle Zutaten in zwei Schüsseln an.

QUINOA-ZUCCHINI-BOWL MIT LACHS

2 Port.

25 Min.

Leicht

Zutaten

1 Beutel Zucchini und Quinoa
30 g Rucola
100 g Wildlachs
5 g Ingwer
½ Avocado
40 g Edamame
1 Frühlingszwiebel
1 EL Olivenöl
1 EL Sojasoße
1 TL Sesamöl
Sesam
Schwarzer Sesam

Nährwerte p. P.

256 kcal
7 g Kohlenhydrate
18 g Fett
13 g Eiweiß

1 Schneiden Sie den Lachs in Würfel. Schneiden Sie die Frühlingszwiebel und die Avocadohälfte in Streifen.

2 Zerreiben Sie den Ingwer mittels einer Reibe und geben Sie ihn mit Sesamöl und Sojasoße in eine Schüssel. Legen Sie die Lachswürfel hinein und stellen Sie die Schüssel beiseite.

3 Geben Sie etwas Olivenöl in eine Pfanne und kochen Sie darin die Quinoa-Zucchini-Mischung.

4 Richten Sie alle Zutaten in zwei Schüsseln an und bestreuen Sie sie mit Sesam.

LACHS-BOWL MIT ERDNUSSSAUCE

2 Port. 1 Std. Mittel

Zutaten

125 g Sushi-Reis
1 TL Zucker
2 ½ EL Reisessig
75 ml Kokosmilch
1 Knoblauchzehe
1 EL Erdnussbutter
1 ½ TL Sesamöl
1 EL Sojasoße
1 EL süß-scharfe Chili-soße
120 g Wildlachs
75 g Edamame
1 Ei
100 g Shiitake-Pilze
75 g Rotkohl
1 Möhre
½ Mango
½ Limette
½ Avocado
2 Frühlingszwiebeln
1 EL schwarzer Sesam
1 EL Teriyaki-Soße
Frische Kresse
Salz
Mirin

Nährwerte p. P.

563 kcal
46 g Kohlenhydrate
30 g Fett
24 g Eiweiß

1 Waschen Sie den Sushi-Reis, bis das Wasser klar ist, und lassen Sie ihn dann abtropfen. Füllen Sie ihn anschließend in einen Topf und geben Sie Wasser hinzu. Erhitzen Sie das Wasser für zwei Minuten und lassen Sie den Reis anschließend 20 Minuten quellen. Nehmen Sie den Topf vom Herd und lassen Sie ihn zugedeckt 10 Minuten ausdampfen.

2 Vermischen Sie etwas Mirin mit 1 ½ EL Reisessig, Salz und Zucker und erhitzen Sie alles in einem Topf bei leichter Hitze, bis sich Salz und Zucker darin aufgelöst haben.

3 Füllen Sie den Reis in eine große, weite Schüssel. Geben Sie dann die Essigmischung darüber und vermengen Sie beides vorsichtig miteinander. Stellen Sie den Reis anschließend zugedeckt beiseite.

4 Hacken Sie den Knoblauch fein, rösten Sie ihn mit ½ TL Sesamöl in einer Pfanne kurz an und geben Sie ihn dann in eine Schüssel. Rühren Sie Kokosmilch, Soja- und Chilisoße sowie die Erdnussbutter ein, um eine cremige Soße zu erhalten.

5 Schälen Sie die Möhre und schneiden Sie sie in feine Stifte. Geben Sie sie für eine Minute in kochendes Salzwasser. Kochen Sie das Ei wachsweich. Schneiden Sie den Rotkohl in feine Streifen und vermengen Sie ihn mit dem restlichen Reisessig, Mirin und etwas Salz.

6 Schneiden Sie die Shiitake-Pilze in Streifen und braten Sie sie mit dem restlichen Sesamöl in einer Pfanne an. Geben Sie dann die Teriyaki-Soße hinzu und verrühren Sie alles gut miteinander.

7 Schneiden Sie die Mango in Würfel. Schälen und schneiden Sie die Avocado in Scheiben. Geben Sie etwas Limettensaft über die Scheiben. Schneiden Sie die Frühlingszwiebeln in Ringe. Schneiden Sie den Wildlachs in Stücke.

8 Richten Sie alle Zutaten in zwei Schüsseln an und geben Sie die Erdnusssoße darüber.

POKEBOWL MIT KAROTTE UND LACHS

2 Port.

1,5 Std.

Leicht

Zutaten

50 g Reis
100 g Lachs
1 Möhre
½ Mungobohnen
½ Avocado
1/8 Gurke
1 ½ EL Reisessig
1 EL Sojasoße
1 kleines Stück Ingwer
½ Zitrone
Olivenöl
Salz

Nährwerte p. P.

319 kcal
15 g Kohlenhydrate
22 g Fett
14 g Eiweiß

1 Pressen Sie die halbe Zitrone aus und fangen Sie den Saft auf.

2 Schälen Sie den Ingwer und hacken Sie ihn fein. Verrühren Sie ihn anschließend mit Reisessig, Zitronensaft und Sojasoße zu einer Marinade.

3 Schneiden Sie den Lachs in kleine Stücke und legen Sie ihn ca. 30 Minuten in die Marinade.

4 Geben Sie etwas Öl in einen Topf und braten Sie den Reis darin an. Geben Sie dann etwas Wasser hinzu und garen Sie den Reis ca. 20 Minuten bissfest. Lassen Sie ihn abkühlen.

5 Kochen Sie die Mungobohnen in etwas Wasser ca. 30 Minuten bissfest. Lassen Sie sie dann abtropfen und salzen Sie sie nach Bedarf.

6 Schneiden Sie die halbe Avocado in Würfel. Schälen Sie die Möhre und schneiden Sie sie in feine Streifen. Schneiden Sie die Gurke in dickere Stifte.

7 Richten Sie alles in zwei Schüsseln an.

POKEBOWL MIT GRAVED LACHS

2 Port.

35 Min.

Leicht

Zutaten

200 g Graved Lachs
4 EL Weißweinessig
150 g Wassermelone
1 rote Zwiebel
½ Avocado
½ Papaya
100 g Belugalinsen
1/8 Gurke
50 g Mandeln
100 ml Orangen-Senf-Soße
½ Mango
Olivenöl
Pfeffer
Salz

Nährwerte p. P.

618 kcal
44 g Kohlenhydrate
29 g Fett
39 g Eiweiß

1 Geben Sie die Belugalinsen mit Wasser bedeckt in einen Topf und kochen Sie diese ca. 20 Minuten bei mittlerer Hitze. Schrecken Sie die Linsen anschließend kalt ab und würzen Sie sie mit etwas Salz, Pfeffer und Olivenöl, bevor Sie sie auf zwei Schüsseln verteilen.

2 Schneiden Sie die Zwiebel in dünne Ringe. Geben Sie den Essig in einen Topf und kochen Sie die Zwiebelringe darin bei mittlerer Hitze ca. 5 Minuten.

3 Schälen und schneiden Sie die Mango, die Wassermelone und die Papaya in Würfel. Schneiden Sie die Gurke in dünne kleine Sticks. Hacken Sie die Mandeln klein. Halbieren und löffeln Sie die Avocado aus und schneiden Sie das Fruchtfleisch in Scheiben.

4 Richten Sie alle Zutaten auf den Belugalinsen an und träufeln Sie die Orangen-Senf-Soße darüber.

KORIANDER-SESAM-BOWL MIT LACHS

 2 Port.

 25 Min.

 Mittel

Zutaten

½ Bund Koriander
½ TL Honig
100 g Basmatireis
100 g Lachs
½ TL Reisessig
1 EL Erdnussbutter
1 EL Sojasoße
½ EL Sesamöl
100 g Kichererbsen
½ Avocado
½ EL Sesam
½ EL schwarzer Sesam
3 Limetten

Nährwerte p. P.

526 kcal
56 g Kohlenhydrate
22 g Fett
21 g Eiweiß

1 Geben Sie den Reis in einen Topf mit der doppelten Menge Wasser und kochen Sie ihn nach Anleitung bissfest. Lassen Sie ihn anschließend abkühlen.

2 Zupfen Sie den Koriander von den Stängeln. Pressen Sie die Limetten aus und fangen Sie den Saft auf.

3 Geben Sie den Limettensaft, den Honig, die Erdnussbutter, die Sojasoße, den Reissessig und das Sesamöl in einen Mixer und vermischen Sie alles zu einem Dressing.

4 Halbieren Sie die Avocado und nehmen Sie das Fruchtfleisch mit einem Löffel heraus. Schneiden Sie das Fruchtfleisch und den Lachs in Würfel.

5 Verteilen Sie den Reis in zwei Schüsseln. Geben Sie die Kichererbsen, die Lachs- und die Avocadowürfel dazu und verteilen Sie das Dressing über die Bowls. Dekorieren Sie sie anschließend mit Sesam und Korianderblättern.

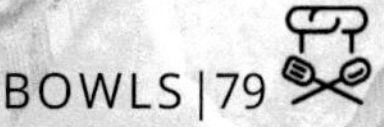

ASIA BOWL

 2 Port.  47 Min.  Schwer

Zutaten

200 g Lachsfilet
10 g Ingwer
2 Möhren
50 ml Sojasoße
½ EL Reisessig
1 rote Paprika
½ Knoblauchzehe
½ Chilischote
1 Limette
150 g breite Reisnudeln
1 TL schwarzer Sesam
1 EL Sesamöl
½ EL Agavendicksaft
75 ml Gemüsefond
75 g Edamame
1 Stängel Koriander
1 TL Korianderpulver
½ TL Kreuzkümmelpulver
½ Kaffir-Limettenblatt
½ Stange Zitronengras
Salz

Nährwerte p. P.

603 kcal
71 g Kohlenhydrate
20 g Fett
31 g Eiweiß

1 Schneiden Sie die Paprika in Viertel. Entkernen Sie sie und schneiden Sie sie dann in dicke Stücke. Stellen Sie sie zur Seite.

2 Schälen Sie die Möhren und raspeln Sie sie klein. Stellen Sie sie zur Seite. Schälen Sie den Ingwer, halbieren und entkernen Sie die Chilischote, schälen Sie die Knoblauchzehe und geben Sie alles in einen Mixer.

3 Entfernen Sie die äußere Schale des Zitronengrases und schneiden Sie den Stängel sodann in ca. 3 cm große Stücke. Geben Sie diese ebenfalls in den Mixer. Zerkleinern Sie alles und geben Sie alles in einen Topf. Geben Sie Sesamöl hinzu. Dünsten Sie nun das Gemüse an. Geben Sie die Sojasoße hinzu und dann den Gemüsefond.

4 Rühren Sie nach und nach den Reisessig, den Agavendicksaft, das Korianderpulver, das Kreuzkümmelpulver und das Kaffir-Limettenblatt ein und erhitzen Sie alles für ein paar Minuten. Geben Sie die Soße in eine große Schüssel und stellen Sie sie dann beiseite.

5 Reiben Sie die Schale von der Limette. Halbieren Sie sie und pressen Sie den Saft aus der halben Limette heraus. Schneiden Sie die andere Hälfte dann in Spalten und stellen Sie sie beiseite.

6 Schneiden Sie die Lachsfilets in Würfel und vermengen Sie sie in einer Schüssel mit etwas Sesamöl, Salz, dem Limettenabrieb und dem Limettensaft. Geben Sie die Lachswürfel dann in einen Topf mit etwas Wasser und garen Sie diese weich. Legen Sie die Edamame dazu und garen Sie alles für ca. 10 Minuten.

7 Nehmen Sie den Lachs und die Edamame heraus und garen Sie die Nudeln bei offenem Deckel im restlichen Wasser. Gießen Sie die Nudeln dann ab und geben Sie sie in die große Schüssel mit der Soße. Vermengen Sie alles gut miteinander.

8 Richten Sie die Nudeln mit der Edamame, den Karottenraspeln, den Paprikastücken und den Lachswürfeln in Schüsseln an und bestreuen Sie alles mit etwas schwarzem Sesam. Garnieren Sie die Bowls mit den Limettenspalten und den Korianderblättern.

LACHS-KARTOFFEL-BOWL

2 Port.

45 Min.

Mittel

Zutaten

2 EL Butter
350 g Kartoffeln
300 g Joghurt
3 Handvoll Rucola
1 Avocado
100 g Räucherlachs
2 EL Olivenöl
½ Gurke
3 EL Zitronensaft
2 EL gehackter Dill
Salz
Pfeffer

Nährwerte p. P.

748 kcal
50 g Kohlenhydrate
49 g Fett
24 g Eiweiß

1 Schneiden Sie die Kartoffeln in mundgerechte Würfel.

2 Geben Sie die Butter und das Olivenöl in eine ofenfeste Form und lassen Sie die Butter bei 200 Grad Umluft im Backofen schmelzen. Vermischen Sie dann die Kartoffelwürfel mit dem Öl und der geschmolzenen Butter und rösten Sie diese ca. 40 Minuten knusprig. Wenden Sie die Würfel in der Zeit nicht, da diese sonst weich werden.

3 Verrühren Sie währenddessen den Zitronensaft mit dem Joghurt und dem Dill und schmecken Sie das Dressing mit Salz und Pfeffer ab.

4 Verteilen Sie den Rucola auf zwei Teller.

5 Schneiden Sie die Avocado in Scheiben und die Gurke in kleine Würfel.

6 Richten Sie die Gurkenwürfel, die Avocadoscheiben, den Lachs sowie die Kartoffelwürfel auf den Rucolablättern an.

LACHS-CHAMPIGNONS-BOWL

2 Port. 30 Min. Leicht

Zutaten

1 Beutel Naturreis
1 Handvoll Salat
200 g Lachs
2 Stücke Butter
10 mittlere Champignons, braun
½ Becher Sahne
1 rote Zwiebel
1 rote Peperoni
Salz
Pfeffer

Nährwerte p. P.

449 kcal
8 g Kohlenhydrate
34 g Fett
26 g Eiweiß

1 Kochen Sie den Reis nach Anleitung.

2 Hacken Sie den Salat und die Zwiebel fein und geben Sie beides mit einem Stück Butter und etwas Salz und Pfeffer in eine Pfanne.

3 Verteilen Sie den Salat und die Zwiebeln auf Teller. Geben Sie darüber den Reis. Schneiden Sie den Lachs in Scheiben und legen Sie ihn darüber. Bestreuen Sie ihn mit Salz und Pfeffer.

4 Geben Sie das andere Stück Butter in die Pfanne, braten Sie darin die kleingeschnittenen Champignons und die gehackte Peperoni ca. 3 Minuten kräftig an und würzen Sie sie mit Salz und Pfeffer.

5 Geben Sie einen Schuss Sahne in die Pfanne und lassen Sie alles einen kurzen Moment eindicken. Geben Sie das Gemüse zusammen mit der Soße über den Lachs.

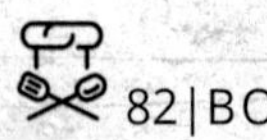

Bonus: Soßen & Dips

HONIG-DILL-SOßE

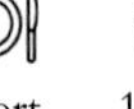

2 Port. 10 Min. Leicht

Zutaten

¼ Becher Crème fraîche
½ Zitrone
1 EL Honig
1 EL Senf
½ EL Dillspitzen

Nährwerte p. P.

125 kcal
9 g Kohlenhydrate
9 g Fett
1 g Eiweiß

1 Geben Sie die Crème fraîche in einen Topf und erwärmen Sie diese dort etwas.

2 Pressen Sie die Zitrone aus und geben Sie den Zitronensaft, den Senf und den Honig in den Topf.

3 Rühren Sie die Soße kräftig um und geben Sie anschließend die Dillspitzen hinzu.

4 Stellen Sie die Soße bis zum Servieren kalt.

WEIẞWEINSOẞE

2 Port. | 15 Min. | Leicht

Zutaten

100 ml Weißwein
100 ml Schlagsahne
½ Schalotte
½ Tomate
1 ½ EL geriebener Parmesan
½ TL Kartoffelstärke
1 EL Olivenöl
½ TL Gemüsebrühepulver
½ TL Ankerkraut-Gewürzmischung Fisch & Scampi
Salz
Pfeffer

Nährwerte p. P.

161 kcal
3 g Kohlenhydrate
12 g Fett
2 g Eiweiß

1 Hacken Sie die Schalotte fein und dünsten Sie diese kurz in etwas Olivenöl in einer Pfanne an.

2 Schneiden Sie die Tomate in kleine Würfel und geben Sie diese zu den Schalottenstücken in die Pfanne. Dünsten Sie diese 3 Minuten mit.

3 Geben Sie den Weißwein in die Pfanne und lassen Sie ihn aufkochen, ehe Sie die Sahne hinzufügen.

4 Würzen Sie die Soße mit der Gemüsebrühe, der Kartoffelstärke und dem Ankerkraut-Gewürz und kochen Sie sie weitere 5 Minuten.

5 Rühren Sie den Parmesan unter die Soße und würzen Sie mit Salz und Pfeffer je nach Bedarf.

BALSAMICO-SENF-SOẞE

2 Port. 10 Min. Leicht

Zutaten

7 EL brauner Zucker
2 EL weißer Balsamico
3 EL Rapsöl
4 TL getrockneter Dill
2 EL Honig
½ Tube Senf
Salz
Pfeffer

Nährwerte p. P.

417 kcal
69 g Kohlenhydrate
15 g Fett
1 g Eiweiß

1 Geben Sie den Zucker in eine Schüssel. Fügen Sie Balsamico, Senf und Honig hinzu und rühren Sie alles glatt. Rühren Sie den Dill unter.

2 Schmecken Sie alles mit Salz und Pfeffer ab. Rühren Sie das Rapsöl unter.

ROSMARIN-ORANGEN-SOẞE

2 Port.

20 Min.

Leicht

Zutaten

200 ml Gemüsebrühe
1 EL Honig
1 EL Apfelessig
1 Schalotte
½ TL Orangenschale
1 Zweig Rosmarin
200 ml Orangensaft
½ TL Bio-Orangen-pfeffer
2 EL Olivenöl
Salz

Nährwerte p. P.

209 kcal
19 g Kohlenhydrate
14 g Fett
1 g Eiweiß

1 Hacken Sie die Schalotte fein. Geben Sie diese mit etwas Olivenöl in eine Pfanne, fügen Sie die Rosmarinnadeln hinzu und lassen Sie beides heiß werden. Fügen Sie den Orangensaft und die Gemüsebrühe hinzu.

2 Rühren Sie Essig, Orangenschale, Honig und Orangenpfeffer unter und lassen Sie die Soße ca. 10 Minuten köcheln. Schmecken Sie die Soße vor dem Servieren mit etwas Salz ab. Sollte die Soße dann noch zu flüssig sein, können Sie etwas Speisestärke zum Eindicken einrühren.

SENF-LIMETTEN-DIP

4 Port. 20 Min. Leicht

Zutaten

1 Limette
1/8 Bund Dill
1 EL Honig
50 g Frischkäse
1 EL Senf
Salz

Nährwerte p. P.

58 kcal
9 g Kohlenhydrate
1 g Fett
3 g Eiweiß

1 Waschen Sie die Limette heiß ab und trocknen Sie sie. Schälen Sie die Schale dünn ab und schneiden Sie diese in Streifen. Pressen Sie den Saft aus der Limette.

2 Schneiden Sie die Spitzen des Dills klein.

3 Verrühren Sie Frischkäse, Senf, Limettensaft und Honig miteinander. Rühren Sie die Limettenschale und den Dill unter und schmecken Sie den Dip mit Salz ab.

HONIG-SENF-DIP

2 Port. 20 Min. Leicht

Zutaten

300 g Crème fraîche
4 TL Senf, mittelscharf
3 TL Zitronensaft
3 EL gehackter Dill
2 ½ EL Honig
4 TL Sahnemeerrettich
Pfeffer
Salz

Nährwerte p. P.

493 kcal
14 g Kohlenhydrate
46 g Fett
5 g Eiweiß

1 Vermischen Sie alle Zutaten miteinander.

2 Schmecken Sie den Dip mit Salz und Pfeffer ab.

3 Stellen Sie den Dip bis zum Servieren kalt.

ORANGEN-LIMETTEN-DIP

2 Port. 40 Min. Leicht

Zutaten

125 g Magerquark
200 g Crème fraîche
1 Orange
1 Limette
½ Bund Minze
Pfeffer
Salz

Nährwerte p. P.

483 kcal
11 g Kohlenhydrate
31 g Fett
11 g Eiweiß

1 Reiben Sie von der Orange und der Limette die Schale ab. Pressen Sie diese dann aus. Geben Sie den Fruchtsaft in einen Topf und geben Sie die Schale hinzu. Kochen Sie diese ca. 10 Minuten.

2 Schneiden Sie die Minze in Streifen.

3 Verrühren Sie den Quark mit der Crème fraîche.

4 Geben Sie den Fruchtsaft und die Minze hinzu und verrühren Sie alles gut miteinander. Würzen Sie mit Salz und Pfeffer.

5 Reichen Sie den Dip zu gebratenem Lachs.